创业有招
生财有术

手把手带你
拆解创业密码

王志忠　编著

民主与建设出版社
·北京·

图书在版编目（CIP）数据
创业有招　生财有术 / 王志忠编著 . -- 北京 : 民主与建设出版社 , 2025. 7. -- ISBN 978-7-5139-4985-9
Ⅰ. F241.4-49
中国国家版本馆 CIP 数据核字第 2025B5Q019 号

创业有招　生财有术

CHUANGYE YOUZHAO SHENGCAI YOUSHU

编　　著　王志忠
责任编辑　王　颂
封面设计　[logo]
出版发行　民主与建设出版社有限责任公司
电　　话　（010）59417749　59419778
社　　址　北京市朝阳区宏泰东街远洋万和南区伍号公馆 4 层
邮　　编　100102
印　　刷　三河市宏顺兴印刷有限公司
版　　次　2025 年 7 月第 1 版
印　　次　2025 年 8 月第 1 次印刷
开　　本　880mm × 1230mm　1/32
印　　张　6.75
字　　数　157 千字
书　　号　ISBN 978-7-5139-4985-9
定　　价　39.80 元

创业，你也可以迈出的第一步

你可能听过太多“创业神话”：某人在车库起家成为亿万富翁，某个 APP 一夜之间火遍全球。这些故事听起来热血沸腾，却让普通人觉得创业遥不可及。其实真正的创业，往往始于更朴素的场景——小区里新开的早餐店老板多送了一碟咸菜，隔壁大姐把手工编织包卖到了短视频平台，甚至是你自己把闲置物品挂在二手网站成交的第一单。

这不是一本“致富指南”。2024 年国民经济和社会发展统计公报显示，我国每天诞生 2.4 万家新企业，但绝大多数小微创业公司启动资金少于 10 万元，他们用卖菜的钱支付货款，在送孩子上下学路上回答客户问题，不靠天才创意，也不靠雄厚资本，靠的是“先活下来，再活得好”的务实心态。这些实实在在的经验，才是我们最应当听的“创业课”。你会在这本书里看到：

创业需要多少钱？

记住公式“启动资金 ×3 =实际需要的钱”。

客户从哪里来？

第一个客户可能来自微信好友，“面子成本”才是隐形杀手。

既没资源又没人脉怎么办？

记住熟客孩子的生日，比花钱打广告更管用。

怎么选项目才不踩坑?

警惕门槛低、利润高的陷阱，学会用调研法验证需求。

家人反对还要坚持吗?

先做 3 个月兼职创业，用实际收入说话。

创业不是赌博，而是一门学问。有人靠代驾还清房贷，有人用 Excel 表格管理 30 家社区团购，更多人在失败 3 次后找到了适合自己的赛道。书中收录了多位草根创业者的真实故事，你会发现，启动资金低于 5 万元的项目，存活率反而比百万元的项目高。坚持每天记录客户反馈的人，3 个月内业绩提升的概率是其他人的 4 倍。会用手机拍产品短视频的店主，客单价平均较高。

放下必须辞职创业、必须融资上市的焦虑吧！从今天开始，你可以用 2 小时盘点自己的技能和人脉清单；在下班后尝试第一个小生意，比如帮邻居代购水果；每周省下一顿聚餐钱作为创业基金。

这个世界永远需要更贴心的服务、更好用的产品、更真诚的连接——而这就是属于普通人的创业机会。不必等待完美时机，不用幻想一鸣惊人，我们先从赚到第一块钱开始。

第一章　创业前的必修课

第一节　创业的心理准备和心理障碍排除

想创业的人，首先必须认识到开创从无到有的事业绝不是轻而易举的事，要做好面对各种不可预见的困难和解决不期而至的问题的思想准备，创业者还必须做好面对最坏情况的精神准备，及时排除心理障碍。

一、心理准备

1. 要做好吃苦的准备

雷士照明创始人吴长江在打工期间，通过对老板们的观察，总结出所谓的“老板定律”——首先要能吃苦，其次是胆子大、有风险意识，最后是具有商业意识。吴长江认为，只要具备以上素质，就没有不成功的道理。可见“吃苦耐劳”对成功创业的意义。开创从无到有的事业，面对复杂的市场环境，就像在没有路的丛林中行走，随时可能遇到困难和障碍。就像使静止的物体开始移动一样，初始的摩擦力比动起来以后的摩擦力要大好几倍，所以在创业初期、在事业走上轨道之前，必须付出相当的努力，必须承受长时间超负荷工作的压力，必须忍受某种程度的煎熬。

2. 要做好面对风险的准备

社会上有种奇怪的现象，即大多数人认为并不出色的人，不

“该”成功的人，往往取得了出乎意料的成功。有的人的成功是逼出来的，有的人只不过是比别人多一点尝试的勇气而已。不去尝试的话，一切都无法实现。

选择创业，在某种意义上意味着选择了风险，但机会就孕育在风险中，这就需要周密的计划和勇气。要想成功就不能只有“蛮勇”，要以市场需求为依托，形成并丰富自己的商业计划，并在适当的时候付诸行动。一旦作出决定就应该全力以赴、勇往直前，患得患失、瞻前顾后是创业的大忌。

开创新事业的工作总是由明确的和不明确的活动构成，明确的活动无须赘述，不明确的部分只有在行动起来后，边干、边确认、边完善。

3. 要做好打持久战的准备

任何事业都要经历导入、成长、成熟、衰退的过程，酿酒需要数天，甚至数月的发酵期，种地从播种到收获需要经历特定的周期，拔苗助长会适得其反。广告带来销售需要正确的诉求和量的积累，买四分之三的车票永远到不了目的地。既然决定创业，就要坚信天无绝人之路，一旦走上创业的道路，就要全力以赴、背水一战。

创业的道路不会一帆风顺，意想不到的困难和挫折随时都可能出现，因此必须具备坚忍不拔的素质。所谓成功，就是反复失败也不轻言放弃，只有这样才能战胜不期而至的困难，度过危机，抓住成功的机会。

二、心理障碍排除

对于想创业的人来说，最大的心理障碍就是患得患失，最难的就是下定决心。如果创业是你真正的志向所在，就应该毫不犹豫地投身其中。人生只有一次，与其碌碌无为地度过，倒不如勇敢地一搏，即使失败了，也可以无悔无憾地对自己说：“我全力以赴过。”

在心理学家眼里，成功不过是在一系列心理游戏中积极的、建设性的思想战胜了消极的、破坏性的思想的结果。有志于创业的人首先要排除妨碍成功的心理障碍。

以下是几种常见的心理障碍：

1. 习惯性否定

由于像习惯性流产一样，所有的想法在萌芽期就被自己无意中“自然地”否定了，无法生成有价值的构想或创意。这种心理障碍使任何想法都没有机会开花、结果。表现为——总是否定自己的想法，或者觉得自己想了不应该想的事，或者当自己的想法被别人质疑时，很容易对自己的想法产生怀疑，甚至马上否定自己的想法，很容易被别人的“忠告”和“质疑”影响。如果是被高人影响也就罢了，但这个世界上高人毕竟是少数，我们常常被比我们更平庸的人所影响，被和我们同层次的人所影响，所以很难有进步和提高。

心理障碍排除法：

肯定—论证—行动。即先肯定自己的想法，然后进行初步论证，如果在某种程度上可行的话，就进行深入的研究，为自己的想法寻找实现的方法并付诸行动，使其实现。

2. 主观意识：轻信、自以为是

这样的人认为自己看到的就是事实，或者觉得现有的事物都是合理的，对事物不求甚解，常常用“大概”“可能”等词语表达自己的观点或看法。做事的标准是“差不多”，结果往往是差很多。

缺乏透过现象看本质的能力，就容易被现象所迷惑从而产生认知偏差，导致行为错误。就如同医生如果缺乏诊断能力，就不能实施有效的治疗一样。

自以为是的人以为自己已掌握了正确答案，实际上自己只是一知半解或者所掌握的是错误的知识或经验。

要卓有成效地从事经营活动，就要排除主观意识，即有必要养成一种消除各种心理障碍的思维方式。用消除心理障碍的方法来重塑自身的时候，不管什么事都不要觉得明白了，而是要刨根问底地探究——“真的是那样吗？”“为什么会是那样？”“真的没有相反的事例吗？”“为什么可以这样说？”……

心理障碍排除法：

质疑—深入探究。即质疑现存的事物，寻求、探究真相和客观规律，获得对事物本质的正确认知，因为只有正确地定义问题才能有效地解决问题。

3. 被动型人格

习惯于被动地接受信息、接受别人的安排——被安排、被管理、被领导，如果没有来自外部的指令或安排就会变得无所适从，缺乏主动性和自主能力。

创业者应该具有“老板意识”，即开发、寻找正确的事，而非做别人安排的事的习惯。在遇到问题时，不等不靠，主动出击，创造条件解决问题。

心理障碍排除法：

培养主动、独立思考的习惯，学着独立做一些非别人安排的事情。

自我启动—自我协调—自我管理—自我评估—做自己和自己工作的领导者。

4. 负面的自我认知

具体表现为：自我设限、自我轻视、自卑、负面的自我形象，缺乏自信和主见等。

心理障碍排除法：

描绘理想的自我形象，通过积极的心灵对话，进行自我激励。

5. 过度思考

有备无患是做事必经的运筹阶段，但倘若有备无患变成了殚精竭虑、万无一失的计划阶段，就陷入思考过多的窠臼中。思考太多是一种害怕不确定、缺乏安全感、害怕失败的心态，一旦被计划绑住手脚，做事犹豫，错失良机，则一事无成。

心理障碍排除法：在必要的思考和准备后，无论条件是否完全成熟，姑且先着手去做，然后再根据局面的变化随机应变，修正发展的轨迹。“真正想干”的事，就一定能找到“干”的办法。一旦做出决定，考虑问题的方法和对事物的看法，自然会向积极的方向转变。

另外，高不成低不就、前怕狼后怕虎、想得多做得少、没恒心缺毅力、想得到怕付出等心理和行为障碍都是创业者应该尽力排除的。创业，绝非一句挂在嘴边的时髦词。它就像是在生活的平静湖面上投入的一块巨石，激起的涟漪会扩散到生活的每一个角落。对于普通大众来说，创业的初心往往源自对更好生活的向往。

有人想摆脱朝九晚五的束缚，渴望能自由支配时间，自己做主。比如一位上班族，在日复一日的打卡、开会、加班中耗尽了热情，他创业是为了找回对生活的掌控感，去追逐内心真正的热爱。

还有人是为了实现梦想，让自己的创意、点子落地生根。就像一个手艺人，他的手工制品满是奇思妙想，但受限于传统的渠道，无法让这些宝贝被更多人看到，于是他决心创业，搭建起自己的展示舞台，让创意开花结果。

还有的人更简单，就是看准了市场上的一块空地，嗅到了商机，比方说街坊间缺少一家定价合理、服务到位的小餐厅，认为这个点子不错，于是鼓足了勇气创业，去填补一下这个空白，不仅方便了街坊，也能赚得一笔小小的收益。

创业之路，始于内心那股不服输、想改变的冲劲，这份冲劲就是创业的原动力，它会带着你在前行途中披荆斩棘。

第二节　创业需要的思维、行为方式和能力

稻盛和夫在他的著作《活法》中，提出了一个非常有意义的公式，即人生或工作的结果=思维方式 × 热情 × 能力。就是说，人生或工作的结果是这些要素相乘的“积”，而不是相加的关系。因为是乘法，所以即使是有能力但缺乏热情也不会有好结果。相反，如果能力差但激情饱满地对待人生或工作，最终也可能取得比拥有先天优势者更大的成果。

一、创业者需要的思维、行为方式

1. 对目标的专注

目标对我们而言，就如同在大海中航行的船舶的导航系统，如果没有健全的导航系统的指引，船就无法到达预定的目的地。对于没有目标的船而言，也就无所谓正确的风向。人如果没有目标，就会无所事事，一事无成。专注于目标才能成功。

经常看《动物世界》的人，一定对狮子捕猎羚羊的策略不陌生。狮子会选择一只比较弱小的羚羊作为目标，开始追逐，在追逐的过程中，对其他的羚羊毫无兴趣，即使是从其他羚羊身边跑过，也好像它们并不存在似的，直到把选中的那只羚羊追得筋疲力尽、束手就擒为止。

从狮子追羚羊的故事中，我们至少可以获得这样的启示：专注于选定的目标，拒绝周边的诱惑，才能成功。如果不停地变换追逐的对象，最终肯定是一无所获。

创业需要对目标的专注和坚持。一旦做出选择，就“咬定青山不放松”，就心无旁骛地全身心投入其中。一个总换“赛道”的人、一个朝三暮四的人在创业的道路上是走不远的。目标太多、精力分散是创业的大忌。

2. 与生俱来的偏执和危机意识

成功者一般都有明显的偏执倾向和强烈的危机感，总是不停地思考打败自己的方法，并由自己实施。对自己不满、对自己的现状不满是他们不断进步和转型的动力。

优秀的经营者都具有强烈的危机意识，都有一种稍有疏忽公司就会前功尽弃的心理状态。为此他们不断追求做得更好，不断自我否定和自我更新。伟大的成功者都有偏执的一面，业务发展越顺利，就越感到不安——这个有利可图的市场，一定会有人模仿，从而思考如何不被对手打败并行动起来。为了不被别人搞垮，设想搞垮自己的方法，然后提前预防。当一项业务取得成功时，他们就开始思考——什么业务能击垮自己的业务？然后由自己实施。

作为经营者必须每时每刻都有一种紧迫感和危机感，以促使自己不断做一些建设性的事情，不断自我否定、自我更新，未雨绸缪——在需要改变前做出改变，否则，就会被变化的环境所淘汰。

3. 结果导向：追求效率和效果

大多数人都缺乏明确的“结果”意识，而是将重点放在过程上，认为只要做了就是完成任务了，他们看上去忙忙碌碌，实际上却毫无成效，无论是别人交办的还是领导安排的事都达不到预想或预期的结果。到头来一事无成却找不到原因，往往将自己的失败归结于运气不好。自己却察觉不到是自己的行为方式出了问题。

下面的故事讲的是两个员工在同一件事上的不同表现：

两个几乎同时进入某公司的员工，虽然学历和初始的岗位、职务都不分伯仲，但几年后，甲的职位和工资频频提升，乙却几乎是原地踏步，乙总觉得领导不重视自己，甚至认为领导偏心，于是向领导提出辞呈，并委婉地表达了自己对领导的意见，希望经理做出解释。经理平静地说：“在我对你解释之前，请你先帮我干一件事，然后我再给你解释。现在你到农贸市场上看看，有没有卖土豆的。”乙说：“好，我现在就去。”于是乙离开了经理办公室。过了一会儿，乙回到公司，向经理汇报说：“经理，市场上有两个卖土豆的。”

经理问道：“大概有多少斤呢？”

乙说：“经理，我没问，您等一下，我再去问。”

乙又一次去了农贸市场，回来后，又向经理汇报说：“经理，有1000多斤。”

经理又问：“大概多少钱一斤呢？”

“噢……经理，那我再去问一下。”乙再一次去了农贸市场，回来后汇报说：“经理，八毛钱一斤。”

经理又说：“要是我们全都买下的话，能不能便宜点儿？”

“噢……这个我还得去问一下，经理您别急，我快去快回。”乙又去了农贸市场……最后回来向经理汇报说：“六毛钱一斤。”

经理看乙跑了四趟，累得气喘吁吁，就让秘书给他倒了一杯茶，请他休息一下。随后，把甲叫到了办公室，当着乙的面对甲说：“你到农贸市场去看看有没有土豆卖。”

甲说：“好，我马上去办。”于是甲离开了经理办公室。过了一会儿，甲回到公司向经理汇报说：“经理，市场上有两个卖土豆的，大约有1200斤，每斤零售价8毛钱，批发价6毛钱，如果全买的话每斤五毛五，还可以送货上门。这是我拿回来的样品和他们的联系方式，另外西红柿和茄子等蔬菜的价格是……”乙听了甲的汇报，默不作声地溜出了经理的办公室。

4. 利他主义

虽然说自私是人的本性，但很难想象一个自私的人、总是想着自己利益的人如何在这个需要合作的商业社会里生存。人就是这样一种奇怪的动物，自己是自私的却偏偏喜欢不太自私的人，谁都喜欢和乐于助人的人交朋友。所有取得大成功的人，都是懂得并践行“舍得”道理的高手。

5. 以工作为乐

大多数人都将工作和辛苦、乏味联系在一起，但如果我们能从中找到某种乐趣或意义，能学着喜欢和享受工作的话，就等于启动了正面的循环，使我们从中获得发现和创造的乐趣，人生最大的快乐莫过于把心中的理想变为现实，而工作是实现理想的唯一途径。工作也是自我实现的必由之路。

6. 脑子里充满问号，善于学习

成功的企业家共同的特征是：具有强烈的求知欲和好奇心，即对什么都感兴趣并不断询问或者对自己感兴趣的事和不正常的现象喜欢刨根问底。新事物到来时，自己便会考虑旧事物或许是不对的。正是探究真相的好奇心使他们发现了改变一生的商机、被人们忽视的规律或找到了提高效率的方法。

对于创业者来说，最有用的思考工具就是问“为什么”，不断地问下去，就能找到答案。在为特定的问题寻找答案的时候，靠理论分析通常是行不通的，只有进行实地调查。只有不断地问为什么——才能抛弃主观想法和固有的观念，从而获得问题的真正答案。

创业者字典里最有用的3个字就是“为什么”。创业者如果失去好奇心，其前途就会到此为止。

杰出的成功者，无论是企业家还是科学家都是爱动脑筋的人。懒于动脑的人是不适合创业的。

二、创业者需要拥有的能力

1. 一往无前的热情

创业是开拓性的工作，需要以饱满的热情推动，必须全神贯注地投入其中。

2. 客观看待自己

人总是不能正确地看待自己，在事情顺利时总是容易沾沾自喜，过高地评价自己；在受到挫折时总是觉得自己江郎才尽或低能无用。为了避免高估自己的副作用，就要时常查看自己的损益表和资产负债表。损益表和资产负债表作为公司业绩记录，最能真实地反映公司的运营状态，使自己保持清醒的头脑，知道公司存在的问题和不足，以及如何保持这些客观数字的良性平衡。

3. 不能丢失自己长远的目标、计划和理想

创业者在取得一些成功以后，很容易头脑发热，被和自己的目标无关的“机会”所诱惑，盲目进行投资，从而导致失败。要使自己的企业健康发展，就要珍惜自己企业的经营理念和经营原则这些可以称为企业价值观的东西。企业文化不是在企业发展成型之后形成的，而是需要在创业起步时就把它放在核心位置。

4. 面对现实

创业者一方面要有理想和目标，一方面又要正视现实。这看起来似乎是矛盾的，但正是能调和这些矛盾的人才能把事情做好。企业家需要在生存与发展、短期利润与长期利益、变革和连续性、企业利益与顾客满意等看似矛盾的组合中建立某种程度的平衡，以使企业能有机成长。要认识到前进的道路是不平坦的，要有直面困难的准备，保持这样的心态，就一定能把事情做好。

5. 要有自己的未来自己开拓的精神气魄和心理准备

自主创业意味着由自己创造自己的未来，做自己和自己工作的领导者，自己对自己的所有行为负责。因此，首先要对自己有正确认识和严格要求，不要指望他人会给你指引或忠告，真正对自己负起责任。作为企业家，必须随时对自己所做的事的正确性做出判断。

6. 紧跟时代变化和社会潮流

与时俱进是创业者需要具备的一项重要素质。置身于变化的市场环境中，如果被动等待的话，就可能错失良机，创业者需要主动出击，抓住稍纵即逝的发展事业的时机。

机会总是以某种方式存在或降临，能否抓住它们并加以利用，其区别就在于是主动捕捉还是被动等待，机会只会垂青于主动捕捉它们的人。要抓住随时可能出现的机会，必须跟上时代的步伐。

学习是创业者获得新知的重要手段，但仅靠学习是不够的，还需要实践的历练。一般来说，好学的人懒于实践，而乐于实践的人又懒于学习。但从事企业经营的人则需要边实践边学习。

7. 坚持做好常识性的和（理所当然的）基本的事

人人都希望获得经营诀窍，事实上并不存在放之四海皆准的经营诀窍。如果说有什么诀窍的话，那就是坚持不懈地将常识性的基本工作做到极致；把理所当然应该做好的事，做到无人能及的水平，仅此而已。把公司该做的各项工作做好就是经营。

经营就是日常运营，就是考虑怎样提高效率、怎样有效调动系统机制等这些日常业务。再好的战略，没有出色的执行也发挥不了作用，微不足道的细节常常会成为左右企业命运的因素。虽然说细节决定成败有些夸大其词（正确的说法应该是——在战略正确的基础上，细节决定成败），但如果连稀松平常的工作都做不到位，怎么能期望取得出色的成果呢？

98 ∶ 99 = 0 ∶ 100——这个在数学上不成立的等式，在经营中则是完全可能成立的。产品间的差别微乎其微，如果说有差别，充其量也就是1%的差别，尽管如此，消费者肯定还是会选择99分的产品，这样一来卖出去的产品就得了满分，卖不出去的产品就变为0分，虽然只有1%的差别，但这1%之差，对一家企业来说关乎生死。这就是差之毫厘、谬以千里的道理。在服务业，这1%之差就是待客态度的差别。所以，在赢得顾客的竞争中，哪怕是一分也要全力争取，不放过任何细枝末节，追求卓越的工作态度是成功的关键。

8. 以共同的理念和目标激励员工

设立明确、具体的有挑战性的目标，并使员工对目标产生必须达成的信念。当全体员工对公司的理念和目标达成共识时，成功率就会接近百分之百。

9. 与员工建立良好的合作关系

现在的时代是一个人才流动的时代，如果领导者与员工不能营造融洽的关系，企业的发展就会磕磕绊绊。随着企业规模的日趋扩大，这种融洽的关系及团队意识的作用就会越来越突出。

相对稳定的人才队伍是公司得以发展的根本。要使公司成为优秀人才趋之若骛的选择，公司在薪酬之外还应充分满足人才的其他诉求——如被欣赏、尊重、个人成长和自我实现的需求。

第三节　市场调研的 5 个黄金原则

创业前的市场调研相当于航海家手中的罗盘，决定了企业能否避开暗礁、直达蓝海。许多创业者容易因为盲目自信或经验不足陷入“我认为用户需要”的误区，最终导致产品滞销、资源浪费。本节将揭示市场调研的五个黄金原则，帮助创业者更加了解市场。

一、需求痛点导向原则

有效的用户研究不是为了产品功能的自嗨，而是从用户真实痛点出发。我们建议使用“三级访谈法”全方位搜集需求：访谈 10 个潜在消费者确定购买动机，访谈 10 个竞品消费者的改善需求，访谈 10 个非目标用户的潜在需求。主要区分不同痛点层的需求，制作“痛点层次表”，把需求分为生存痛点需求（如外卖送餐准时率）、改善需求（如包装）和假性需求（如过多的增值服务）。笔者曾经采访过一位社区净水器创业的企业负责人，发现目标中老年消费者的根本痛点不是宣传的水质指标，而是使用的复杂程序，这个痛点被识别后，产生出了“一键换芯”的爆款产品的结论。

二、数据三角验证原则

好的创业决策来自多重数据交叉验证的决策，而不是靠单一数据洞见做决策。数据完整的链路应该是：宏观（如国家统计局的行业数据）、中观（如天眼查竞品生意经营数据）、微观（即用户本身行为数据），更要关注到数据分布的“长尾”，如外卖25~35元客单价看起来非常有吸引力，但实际20~25元占比最高，这就是最基本的盘面。创业者可以百度指数同时监测需求的波动趋势，通过线下场景观察进行立体化判断。

三、最小化验证原则

精益创业的核心在于用极低成本完成商业假设验证。具体可设计“双假设测试模型”：价值假设（用户是否认可产品价值）和增长假设（是否具备传播性）。餐饮业可用虚拟菜单测试点单转化率，服务业通过预约认购表替代实际服务投入，电商则适合在微信社群进行预售验证。关键要设置“货币化过滤器”——只有当用户愿意支付定金或预付款时，需求验证才算真正成立。记住：没经过真金白银测试的市场反馈都是无效反馈。

四、动态竞争分析原则

创业者需要用三维动态视角分析态势：同行业竞争对手所占据的比例、所代表的产品、产业技术替换是否有威胁、是否有潜在市场进入者的威胁和机会。建议采用基于数字化手段的波特五力动态分析工具进行评估，结合专利地图技术分析及时对技术变化进行跟踪，预测动向。此外要密切关注行业“地震的征兆”：如果某一企业的某个大客户突然大量买进产品原材料，或者突然大量挖角技术人才，往往说明市场即将出现价格竞争或技术竞争。对一家企业而言，应密切关注竞争对手在核心部件上的采购，若某一方采购量出现大幅波动变化，则要高度重视后续动作，从而抓住发展动向。

五、政策敏感性原则

国内市场的政策变量往往能瞬间改写一个行业格局，建议设置一、二级政策库以及三级政策库，即国务院政策文件库监测国家政策倾向，地方的“十四五”规划细则把握地方性红利，行业协会闭门会议洞悉行业趋势等，特别关注 2025 年的“新质生产力”配套政策，对涉及数字经济领域、绿色经济领域的政策保持较高的警觉。某教育培训机构在“双减”相关政策出台征求意见时就已提前进行转型准备，较同业竞争者提前 8 个月就完成素质教育业务布局就是一个很好的例证。

第四节　避开创业新手常踩的“坑”

创业之路充满机遇，但也暗藏无数陷阱。本节将化身“避坑指南”，通过真实案例和实战策略，揭秘如何提前识别这些隐形地雷。

一、不盲目跟风，找准定位

很多人都容易被热门行业牵着鼻子走。看到别人做直播带货赚得盆满钵满，自己也一头扎进去；听说某个新兴科技领域风头正盛，就一窝蜂涌入。可这样盲目跟风，往往十之八九会碰壁。

其实关键是要找准自己的定位。先好好审视自己，你擅长什么？喜欢什么？手上有什么资源？如果你是个口才出众、擅长交际的人，那琢磨销售类的创业项目就很合适，比如成为某品牌的区域代理；要是你心灵手巧，对各种花色、裁剪了如指掌，开设一家手工皮具工作室便是发挥特长。

再者，得聚焦目标客户群体。别想着“我这个产品适合所有人”，那是不现实的。就拿开一家母婴店来说，主要面向的就是新手爸妈、孕期女性，围绕他们的需求去备货、布置店铺，精准服务，才能赢得口碑、揽住客源。

还有，要充分考量地域环境。在旅游城市，搞民宿、特色小吃摊更有市场；而在工业区附近，瞄准工人们的吃穿用度，开平价餐馆、小卖部会更吃香。总之，创业不能人云亦云，找到适合自己的位置，才能稳稳扎根。

二、小成本起步，稳扎稳打

普通大众创业，大多没有雄厚的资本，那小成本起步就是明智之举。先别想着一上来就租个大场地、招一大帮人、搞大规模的投入，那风险太高，稍有不慎就会血本无归。

可以先从线上入手。比如做电商，开个淘宝店、拼多多店铺，前期利用家里闲置的空间存放货物，自己一个人先扛起客服、运营等全部事务。随着订单量增多、生意变好，再慢慢扩充团队、扩大仓库规模。像一些网红店主，最初就是自己在卧室里拍照、剪辑视频，靠着小成本积累，如今做出了大品牌。

还有，利用手头的资源改造再利用。要是会做饭，就先在自家厨房做起外卖生意，把拿手家常菜做成特色菜品，通过朋友圈、社区群推广，积累了一批忠实顾客后再考虑租店面、开餐馆。

小成本创业还能先找合伙人共担风险。比如你有技术，我有资金，你出点子，我跑市场，大家各司其职，齐心把创业项目做起来。总之，稳扎稳打，逐步发展，就能在预算有限的情况下，把创业之路走长远。

三、别让失控的成本成为“糊涂账”

成本失控这个隐形杀手往往让创业者措手不及。深圳某文创团队的教训就很典型：虽然产品毛利高达60%，却因样品反复修改多花4.8万元、仓库闲置浪费3.6万元、高价展会效果不佳等隐性支出最终亏损。控制成本需要三板斧：首先遵守“50% 法则”，预留总预算一半作为应急资金；其次制作替代方案对比表，比如将 8000 元的办公室月租换成 3000 元共享工位；最重要的是每天监控获客成本、复购率和库存周转天数。这些方法能有效避免“看着很赚钱，实际在亏钱”的窘境。

四、合伙创业，职责要分明

公司解散可以说是最可怕的创业陷阱，公司解散公式为：感情偏袒＋划分不明＝必然冲突。防范措施就是制定“四位一体”契约，即权利决策权、收益权、退出权及保密权的界定。建议遵循每周三问法：总结我的贡献、称赞他的贡献、坦然沟通我的不满。更重要的就是提前订好“分手合约”，例如，公司所有的知识产权、分红的比例，包括公司的债务等。就像结婚得有婚前协议一样，创业合伙人更需要防患未然的“婚约”。

五、创业不是一锤子买卖

市场环境、消费者喜好、政策法规等都在时刻变化。要是抱着一成不变的思维和经营方式，肯定会被淘汰。

要时刻关注行业动态。比如你开了一家健身房，就要留意健身行业的新潮流，是流行的瑜伽课程火了，还是新型健身器材受欢迎，及时调整健身房的课程设置、设备更新，才能跟上时代节奏，把会员留下来。

与客户保持紧密联系也很重要。多听客户的反馈，客户抱怨菜品少，餐馆就可以适时推出新品；客户反映物流慢，网店就赶紧优化发货流程。在互动中不断改进，才能让创业项目越来越好。

除此之外，创业者们自身还要努力学习。可以去接受行业技能培训，向创业较有经验的前辈请教，学会使用新的营销软件、管理工具等，不断增强自身能力，才能带领创业项目在发展中稳步推进，迎难而上。

第二章　从点子到项目

第一节　商机在哪里

商机如同空气，无处不在却又难以捉摸。许多创业者常陷入两大误区：要么抱怨市场饱和没机会，要么追逐风口沦为炮灰。本节将撕开表象，带您用创业者视角重新审视世界，将别人的麻烦变成自己的商机。

一、在不合理的事物中

我们身边充满了不合理的事物，只不过我们很容易习惯，对不合理的事物视而不见、习以为常、习惯在不合理中生活而已，如果能解决这些“不合理”，就可能成为商业的机会。

对立志创业的人来说，存在不合理、矛盾和不透明之处的领域，都有可能成为具有创业机会的产业、行业和市场。如果你针对其中的问题提出具体可行的改善措施，就已经成功了一半。也就是说，找到不合理或不平衡的事物，如果能开发出消除或减少这些事物的产品或服务，就可以作为创业的出发点。

在传统公司的业务中，一定有可以用比现在更低廉的成本做得好的工作，这正是创业者见缝插针的机会。合理化的机会无处不在。

在生活和工作中，如果觉得有不合理的地方，不妨想一想——

如果是我的话，将会怎么样，解决这种不合理的方法能否作为产品或服务来经营。

二、在尚未满足的需求中

人的欲望和需求是无穷无尽的，人类追求“更”的欲望是无止境的，这就意味着商业创新的机会，需求是创新之母。创业的最佳途径就是把人们希望拥有的东西商品化。

著名心理学家马斯洛认为：人类的需求是按层次排列的，这些需求按其重要程度分别为——生理需求、安全需求、社会需求（归属和爱的需求）、尊重需求（自尊、被尊重、被赏识、被认同、社会地位）和自我实现（自我发展、自我实现）的需求。马斯洛的需求理论只是对人类需求的概括性的大致描述，如果对人类的需求进一步细分的话，也许是一张永远无法完成的清单。

除基本的生理和心理需求以外，人类还有数不清的“体验需求”——获得各种美好的生理、心理体验的需求，通过旅游、娱乐、休闲等活动放松身心、获得生理或情感满足的需求。人类自我实现的需求中蕴含着无限商机。

三、在顾客的需求中

从顾客不满的事物中寻求切入点，从人性、从人类的高层次的需求、从解决问题入手寻找可利用的商机。

从顾客觉得不满意的地方，寻找开发产品和服务的线索是获得有价值的商业创意的最佳途径。向顾客征求意见的技巧也十分重要，如果我们这样发问——“您对某某产品有什么不满意的地方？”顾客可能会说：“挺好的！”这时我们需要进一步探讨，问顾客“真的觉得这样的产品就已经很好了吗？”“想想看还有不满意的地方吗？”“如果生产出这样的产品，你觉得怎么样？”总之，必须让讨论可以展开，即使同样的市场调查，由不同的人做，也会有天壤之别。有效的市场调查，首先需要问出有价值的能得到真正反馈的问题。

为了获得可行的创业构想，就要发现以往的做法与顾客需求不一致的地方，并以此作为自己的主攻目标。现在的做法（产品或服务）与顾客需求不一致的地方，就是可行的、成功率高的创业机会。充分吸收顾客的意见，为满足人们的需求而产生的想法，成功的概率一般都很高。

按顾客的需求进行探索，就一定会开辟一条商业的成功道路。不断探求顾客的需求并为发现它们而不断提出“为什么？”的人一定会成功。

顾客的意见和不满是创业或开发新产品的机会。

四、在有问题的产业中

带着问题去观察社会的话，就会发现有很多不够完善的产品，会看到很多产品无视顾客的需要。很多产品都是按照生产者自以为是的想法而设计和生产的。

有问题的产业领域，才会有开展新商务的机会。这个世界有待解决的问题堆积如山，其中已形成有效需求的各种问题都可以作为开发产品或服务的机会加以利用。很多公司就是为形成有效需求的问题提供解决方案而取得巨大成功的。有大问题的地方就有大商机。如蔬菜的农药、化肥残留问题为有机蔬菜生产者提供的巨大商机，能源危机所催生的新能源商机等等。

有价值的创意是不断问“为什么”并寻找答案的结果。真正的企业家内心时常怀有疑问，对任何感兴趣的事情都不满足于一知半解，而是不断由疑问出发，找出问题的症结，穷追不舍，直至解决。还有一种倾向是——他们无论何时都在考虑引起自己兴趣的事物是否能成为生意。“能够成为生意吗？”是他们本能的思考方式。对所有的事物不断问“为什么”是他们获得真知灼见和伟大创意的钥匙。

五、在和大公司或大规模生产相反的方向中

与大公司或大规模生产逆向而行往往能找到新的商机，大公司是新技术、自动化和高效率的象征，但不见得能面面俱到。在追求经济和规模的过程中，总是难免忽视或忽略一些东西，大公司不愿做、做不好、不屑做的事有时恰恰可以成为我们创业的切入点。如大公司忽视或无意涉足的细分市场（如适合老年人用的手机）；为了满足个性化需求的产品定制服务。

创业者可以将非工业化作为创业的切入点，既可以和大企业相悖地搞自然式生产，如以自然的方式搞种植、养殖，生产笨鸡、笨猪、有机蔬菜等；也可以在微型化上做文章，经营由工业型设备小型化而成的商用型或家用型的机械或设备，如商用型、家用型的酿酒设备、酸奶机、面包机、可以在室内种菜的微型温室等。

很多企业取得成功的关键就是站在大企业的对立面，即与大企业逆向而行和“客户意识”的结果，戴尔电脑的成功就是典型的例子，与大企业逆向而行和客户意识是成功的关键。

六、在人口结构及其变化中

消费是由人来实现的，所以如果能将人口结构及其变化中蕴含的某种特定的机会，转化为能满足特定需求的产品或服务，就很容易获得成功。

人口方面的主要变化，如65岁以上老人数量的快速增长及其相应的收入、资产的提高和寿命的延长，造成了对传统服务的需求和供给的不对称。因此，人口统计特征的变化可以被认为是一个巨大的机会。

七、在技术革命所带来的变化中

时代的变化和技术的发展中蕴含着大量的创业机会。技术进步、顾客观念的变化、生活方式的变化都会带来新的需求，而满足新需求的商务就是创业机会。只要把握好时代的脉搏，完全可以赢得和传统产业相比十倍速、百倍速的发展，即所谓大变之时，必有大商机。

网络技术的发展使变革的大潮席卷了所有的行业，带来了各行各业的信息革命。如果不抓住这一巨大的潮流，就会使自己在竞争中处于不利的位置，甚至错失良机。企业家应利用变革的潮流，为此必须了解技术动态并具有全球视野。

互联网将使产业结构和社会结构发生彻底改变——在生产方式和生活方式的变化中必然伴随着新问题和新需求的涌现，创业者可以将解决新问题、满足新需求作为自己事业的切入点。

传统商业和互联网信息技术紧密结合，能够极大地提高企业创造价值的能力，如台湾丽的美容美发店利用IT技术进行客户关系管理和发型设计，使它能够以较低的成本、规模化地（数百家连锁店）为市场提供高端的美发服务（专业发型师远程设计＋熟练工现场操作）。

电子商务技术的出现，极大地降低了创业的门槛，无论你身在何处，都可以通过互联网或电话接收订单，从全球各地采购零件、组装，成品由UPS运送，通过网上银行付款。熟悉传统商业和互联网并把两者紧密地联系在一起的人才能成功。

网络技术的出现，给人类带来一场信息传递速度上划时代的革命，但是，网络带给人类的冲击还不仅仅体现在信息情报方面，它同时还大大提高了物理机能等实际操作环节中的工作效率，从而使人们获得了更大程度的方便。即使是小企业也可以灵活运用网络，建立起企业间的合作关系。这便是网络技术对于人类社会的意义所在。

互联网是创业者最有力的工具，如果能有效地利用互联网的话，无论是选项目、制定商业计划还是在其他经营活动中，都能显著地提高效率、降低成本。

第二节　如何把灵感变成可执行方案

每个创业者都经历过灵光乍现的时刻，但绝大多数的创意最终沦为泡影——不是点子不够好，而是缺少系统化的转化路径。本节将帮助创业者把飘忽的“灵机一动”，变成可分解、可量化、可调整的作战地图。

一、先让灵感落地

将创业灵感转化为可执行方案，要通过真实性验证、可行性评估和差异化定位三重考验。

1. 验证真实性

在真实性验证阶段，可以借助百度指数等便捷方法测试一下需求是否足够火热，或者找一群具有代表性的对象进行隐匿性打分，并针对这样的反馈进行求真。“宝妈”创业者发现自己的某个社群对“儿童餐分格餐具”有需求，可以先 3D 打印出模型拍照调查，防止做无用功。

2. 评估可行性

评估资源与实施难度时，要警惕政策红线、技术代差和反人性这三类伪机会。

以开奶茶店为例，可将评估项画成“可行性矩阵表”（见表

2–1），通过综合得分对项目进行评估。

表 2–1 开奶茶店可行性矩阵表

评估项	评分（1~5 分）	说明
市场需求	4	附近有 3 所学校，年轻人群多
技术难度	3	需学习调配技术，但可参加短期培训
启动资金	2	租金＋设备需 25 万元，超出预算
竞争情况	3	周边有 2 家连锁奶茶店
政策合规	5	手续齐全，无特殊限制

由上表可知，满分 25 分，该项目总分为 17 分。

如果项目得分 20 分以上，建议立即行动；得分在 15~20 分之间，则需要优化方案；如果得分在 15 分以下，则需要暂缓执行。

在上面的例子中，虽然市场需求不错，但资金压力较大，建议先解决资金问题或考虑小型摊位模式降低投入。

3. 定位差异点

执行“三圈定位法”：在纸上画出 3 个交叉圆圈，分别填写“我能做的”“市场需要的”“别人没做好的”，找到三圈重叠区。

二、构建执行框架

1. 要素分解

把大创意要像剥洋葱一样分层分解，把开奶茶店拆分为选址、产品、营销三大模块，再将产品拆分出茶底配方、小料拼配、包装设计等操作要点，做到环环都有可执行的标准。

2. 设计实施路径

建议主路径和备选路径都要设计好。如在线教学项目，主路径是直播教学，备选路径可以是录播课程加上社群答疑。最关键的是每一步要设置里程碑，就像产品原型做完以后要经过用户测试才能够进入下一个环节。

3. 全面盘点资源

把已有资源、可获取资源和缺失资源分类整理。特别注意那些容易被忽视的隐形资源，比如人脉关系、家庭资源等。曾经有位餐饮创业者就是巧妙利用了自家农场的蔬菜供应链，大幅降低了采购成本。

4. 进行风险预演

可以开展团队成员角色互换，假设项目面临失败的不同情形，寻找风险点。针对任何一个重要的项目风险准备两种方案，例如，原材料价格上涨项目风险，一方面争取锁定长期供应商，另一方面也应考虑研发替代原料配方作为备选方案。

三、3 种团队适用的执行方案

1. 个人创业者的轻量验证法

自身创业，可以先“小步试跑”，比如想开发知识付费课程，不必等全套内容制作完成，先拍 15 个知识点的小课录好，找目标用户免费试看并征求意见。这种方法能在短期时间内完成核心验证，避免投入过多沉没成本。关键是需要事先确定核心验证项目，例如试学用户的点击率、付费意向等，用结果来验证，而不是用思维猜测。

2. 初创团队的敏捷协作法

团队作战需要建立节奏感。将大目标拆解为以两周为单位的冲刺阶段，每天用 15 分钟会议同步进展。例如文创团队开发新产品时，第 1 周集中完成设计打样，第 2 周启动小批量预售测试市场反应。每一个阶段结束后，召开复盘会，结合用户反馈及时纠正方向，形成“设计—试销—优化”的循环迭代。

3. 企业创新的沙盒测试法

对于发展已经比较成熟的企业来讲，他们是可以设立“试验田”来探索创新的。比如，A 家电公司曾于 3 个月内投资不超过 5 万元，让他们的员工可以测试自家在部分线下门店里关于智能家居的小类专区。风险如何把控呢？一是关于范围，比如限定资金、时间等资源；二是关于时间，限定其测试的时长，3 个月后需有所检验。再者需设立科学的评价方法，测试时段的再次复购、坪效上涨等，皆为经营性的指标。

第三节　制定你的“百日攻坚”计划

创业挑战期长度之所以是 100 天，是有科学依据和实践经验做支撑的。从人的行为习惯上看，神经学研究表明，人最难克服的注意力极限长度为 90~110 天，短于此周期难以形成质变，长于此周期则容易出现效率衰减。这一时间跨度恰好吻合创业项目的验证规律——大部分初创项目在 100 天内能够获得明确的市场反馈，既避免了短期决策的盲目性，又防止了长期消耗战的资源浪费。

一、100 天加速计划

这个黄金窗口期可自然划分为 3 个阶段：

1. 破冰期（第 1~30 天）：建立运营基础。

2. 攻坚期（第 31~70 天）：突破核心指标。

3. 收尾期（第 71~100 天）：形成可持续模式。

3 个阶段的递进设计既符合认知规律，即“建立—强化—巩固”，又能产生可见的进展节奏感。类似运动赛季训练中的周期训练法，通过给每个阶段确定相对固定目标，使得创业者能够在有限时间段内实现从量变到质变的跨越，这种结构化时间管理方法已被众多成功创业案例验证其有效性。

二、五步构建攻坚计划

1. 把大目标切成小任务

比如你想 3 个月减重 10 斤，不要只盯着最终数字。先将减重 10 斤的任务拆成每月减 3~5 斤，再具体到每天做半小时运动、控制饮食不超过 1500 大卡。就像装修房子，先确定要刷墙还是换地板，每一步都要有数字（如“本周完成 3 家供应商洽谈”），而不是笼统地说“尽快找供应商”。

2. 像玩拼图一样整理资源

把你手头的资源分成三类：现有的（绿色便利贴）、能借到的（黄色便利贴）、缺的（红色便利贴）。比如开奶茶店时，自己有 5 万元存款（绿色），朋友答应免费设计 logo（黄色），但缺做奶茶的技术（红色）。重点先解决红色部分——你可以去奶茶店打工学技术，或者直接雇个师傅。

3. 画两条路线图

主路线按理想情况走，比如线下开实体店；副路线提前想好备用方案，比如主路线遇到房租太高，就立刻启动副路线做外卖专营店。就像开车用导航，平时走大路，堵车时马上切换小路。建议每周五下午检查路线是否需要调整。

4. 提前准备“救急包”

假设最可能发生问题的几种情景（比如员工跑掉、原料涨价了、天气影响流量），为每个风险做出预案。比如说原料涨价了，需要早早地签订半年的价格保证合同，或者找到后备供应商。

5. 每周复盘

就像手机系统定期更新，每两周开个 30 分钟短会：

（1）已完成哪些？接下来做什么？

（2）哪里卡住了？需要如何解决？

（3）接下来要优化什么？比如发现客户晚上咨询多，就把客服时间改到 16 点到 22 点。

三、典型攻坚方案

1. 从 0 到 1 型（新品上市）

该方案采用 100 天标准化执行路线：前期（第 1~15 天）聚焦用户痛点验证，中期（第 16~45 天）进行 MVP 开发测试，随后（第 46~80 天）开展种子用户运营，最后阶段（第 81~100 天）实现商业模式闭环。

以社区健康轻食餐馆为例，第 1~15 天可以先通过社区调研发现上班族存在“想吃低脂餐但制作耗时”的痛点，用问卷验证付费意愿；第 16~45 天推出 5 款试吃套餐，通过微信群接龙预售测试口味和定价（如 25 元 / 份，满 10 单起送）；第 46~80 天为前 100 名用户建立 VIP 群，每周收集反馈迭代菜单，推出“定制餐卡”预存优惠；第 81~100 天可以与社区健身房或便利店合作分成，形成“线上订餐＋自提点配送”模式。

2. 转型突破型（企业二次创业）

该方案强调两个关键举措：一是成立独立作战单元以避免原有体系的干扰，二是设置“双轨制”KPI 来平衡新旧业务发展。

以将文具店改成手账店为例，关键要分两拨人：原来的店员继续卖文具，新招一位年轻人专门搞手账沙龙。给老业务定销售目标，给新业务定活动次数，就像同时开油车和电动车，各走各的道。

3. 业绩冲刺型（营收增长）

具体作战部署方式为：前 30 天主抓拉新高转化路径提升，中间40天主抓客户旅程体验提升，最后30天启动用户裂变计划。具体操作期间需依托以转化率、客单、回货率等为主要内容的报表看板进行跟踪分析。

以鲜花店营销为例，前30天可以集中投放朋友圈广告（定位婚庆/生日人群），推出“99元花束盲盒”拉新客户，之后40天可以设计“扫码识花”互动卡片，赠送二次包装教学视频提升复购；最后30天可以推出“闺蜜拼单计划”，老客户推荐享免费保鲜剂，同步用数据看板监控不同花材的利润率，哪种花赚钱就多进货。

四、团队执行保障

1. 每日15分钟短会

团队执行保障主要通过3个机制实现高效管理。团队每天早晨可以用10分钟召开短会明确当日工作任务，并在下班前用5分钟快速确认成果。这种“晨规划＋晚复盘”的闭环模式，既能避免信息滞后导致的效率损耗，又能通过每日的小闭环积累团队执行力。

2. 一周节奏设计

将长期计划拆解为周单元执行，能有效平衡目标聚焦与团队活力，可以通过“三段式周节奏”实现这一平衡。具体来说，可将周一定为计划日，确定每周目标；将周三定为补给日，保证每人各取所需、开展活动或进行培训；将周五定为庆功日，强制要求庆祝阶段成果。这样做既保证目标聚焦，又注重团队能量补给，让整个团队形成“计划—补给—庆功”的良性循环。

3. 里程碑式激励

激励的关键在于“即时反馈＋情感联结”，建议创业者给予团队“提前完成任务可休假 1 天”等非物质奖励，同时录制里程碑短视频，让团队中的每个人都出镜说一句感想，或是拍摄团队庆祝的瞬间，剪辑后存档在团队共享空间。这些视频不仅是当下成就感的载体，更会成为团队成长的记忆点——当后续遇到挑战时，回看这些片段能快速唤醒“我们曾一起攻克难关”的信心。这种组合式激励，既满足了团队的成就感，又有助于沉淀出独特的团队精神，形成持续的正向反馈循环。

第四节　低成本试错的实操方法

许多创业者常犯的错误是一开始就投入大量资金，比如花几十万元装修店铺，结果开业后发现根本没人需要这种服务。其实完全可以用更聪明的方法，花小钱甚至不花钱就能验证想法是否可行。下面介绍的这些方法，特别适合资金有限的普通人创业。

一、3 个简单方法，快速测试你的想法

1. 虚拟测试法：先假装有产品，再验证需求

这个方法的核心是先不实际生产产品，而是用“假装有货”的方式测试市场反应。比如有人想开宠物减肥班，可以先在小区贴海报说现在接受预约，如果有人打电话咨询就说明真有需求。具体操作时，用手机拍个简单的产品介绍视频发到朋友圈或抖音，写上“前 10 名免费体验”，看有多少人主动联系你。如果 3 天内能有 20 人咨询就算达标，超过 50 人就说明这个项目很有市场。

2. 借鸡生蛋法：不自己生产，先卖别人的货

这种方法很适用于想卖实体产品的人。如你想卖精品水果，可先和批发商谈好合作，然后在群里发起接龙预售，在群内收

够钱之后去进货，完全不用自己去压货，唯一的前提就是要和供货商谈好卖不掉可以退货的条件，以防压货风险。大部分微商都利用这个方式起步赚到第一桶金。

3. 人工替代法：先手动操作，不开发系统

很多创业者一上来就想开发 APP 或小程序，这往往要花好几万元。其实完全可以用人工代替系统来验证想法。比如想做法律咨询平台，可以先在微信上手动回复客户问题，虽然累一点，但花 500 元就能验证用户是否愿意付费。记住一个原则：所有能手动完成的步骤，在验证阶段都不要花钱做自动化。

二、5000 元试错计划：分阶段花钱

1. 第一阶段（第 1~7 天）：花 500 元测需求

这个阶段最重要的是确认是否有人愿意为你的产品买单。最简单的办法就是在闲鱼或朋友圈发产品介绍，用问卷星做个小调查，或者拉个意向客户群。如果 3 天内都没人主动咨询，那可能就要重新考虑这个生意了。有位蛋糕房老板的做法非常值得借鉴，她在朋友圈发了“无糖蛋糕”“动物奶油蛋糕”“网红创意造型蛋糕”几种不同卖点的广告，发现问“无糖蛋糕”的人最多，就决定主打这个产品，后来生意特别好。

2. 第二阶段（第 8~14 天）：花 2000 元做样品

确认有需求后，可以小批量生产样品。找淘宝厂家做 50 件左右，让朋友试用并收集反馈，还可以去夜市摆摊试卖。这时千万别追求完美包装，用最简单的白盒子贴个标签就行，重点是测试产品本身是否受欢迎，千万不要本末倒置。许多做手工皂的创业者，都会花几千元钱设计特别漂亮的包装盒，结果顾客都说更在乎肥皂的成分，包装根本不重要。

3. 第三阶段（第 15~30 天）：花 2500 元放大验证

最后一个阶段还可以适当投入，比如在朋友圈打广告或找社区团长合作。主要看复购率，如果 10 个购买产品的人中有 3 个人复购，就说明产品有持续性销售的潜力。如果有老客带新客过来，就说明可以把这生意做大了。

三、试错避坑清单：创业者血泪教训总结

1. 本阶段绝对不能做的 5 件事

租办公室、招全职员工、做大量库存、开发 APP、参加收费展会。这些都是烧钱的大坑。

2. 本阶段每天要记录的 3 个关键数据

有多少人主动咨询、咨询后有多少人愿意付钱、客户最常问什么问题。如果连续 7 天无人咨询，或者试用客户全部给差评，就要立即调整方向。

四、真实案例：煎饼摊老板的试错过程

有一个 90 后女生想创业卖网红煎饼，但她只有 8000 元的启动资金。她先在家做煎饼拍抖音短视频，说点赞数 100 就开摊，结果收到 150 个赞。她借朋友的早餐车试卖了两个小时，结果卖出 47 份。之后，她开始做“盲盒煎饼”，也就是随机在煎饼里加一个鸡排或者香肠，鼓励顾客发朋友圈晒单，使复购率提高。最后，她用赚来的钱租下一个固定摊位，月利润 3 万元。最关键的是，她从开始到现在从来没有亏过钱。

有创业想法的人记住这几句话：能借的东西就不要买，能人工做的就不要搞自动化，能收定金的就不要给自己囤货，顾客说好的才是真的好。现在做生意就一个字“快”，快试快改。

千万不要一开始就投很多钱。凡是你听上去前期就要花钱的肯定都是坑。每天都要记账，花出去多少钱，挣回来多少钱，还剩多少钱，才能控制风险。记住，小生意是实实在在的现金流，不是看起来很厉害的门面。

第三章　资源与资金攻略

第一节　没有钱如何启动项目

创业最大的困难无非是前期经费的短缺，然而对于很多案例来讲，创业能够成功很大程度上是因为对不同资源进行了再次分配，而不是因为经费充裕。本节将讲解几种科学合理的低成本的启动模式，帮助创业者合理分配资源，打开创业的第一道大门。

一、破解创业迷思：钱不是唯一的启动资源

很多企业起步时，注册资本不超过 5 万元。原因有二：一是创业者懂得如何把时间化为资金。比如，一名大学生利用半年时间为校园公众号提供代运营，把 3000 个粉丝经营成 20 万元的年收入，这是用时间价值换取金钱。二是创业者有把本事作为本钱的自信。比如，一位平面设计师采用“先出方案后收费”模式，用设计方案打动客户获得首笔订单，完美演绎了如何将能力转化为创业资本。

二、零成本启动的 5 种实战策略

1. 最小可行性验证

前期要以最少投资、最快时间完成商业模式验证。具体可分三步：第一步通过问卷星收集至少 100 个潜在用户需求，识别真

实痛点；第二步用 Canva 等免费工具制作产品原型图；最后在微信群开展预售测试。某母婴社群创始人仅用 Excel 表格管理首批 50 名付费会员，3 个月内就验证了商业模式可行性。

2. 资源置换三角模型

建立资源置换思维需要把握 3 个维度：专业技能可置换办公场地，比如为共享空间提供新媒体代运营服务；社交流量能换取供应链支持，一些美妆博主用 10 万粉丝量获得品牌代销权；行业认知则可吸引人才加盟，知识付费创业者通过定期分享行业洞察，成功组建兼职内容团队。

3. 预收款金融工具

巧妙运用金融工具可以实现无本启动。以健身房的“99 元体验卡”年卡为模板，既锁定了会员又能收取款项回流资金；以家政企业收取服务费的 30% 的定金用于购买器械，形成了良好的资金循环。总之，创业者应该设定合理的预付金方案，赢得消费者的信任。

4. 平台红利捕捉

各个平台的新人扶持政策是隐藏金矿。抖音小店“0 元入驻”政策可节省数千元保证金；微信小程序服务商返佣计划让开发者获得额外收益；亚马逊 FBA 新手免仓储费补贴政策帮助跨境开店轻装上阵。建议创业者建立平台政策观测表，多抓窗口期机遇。

5. 废弃资源再生系统

闲置的资源会带来更丰富的收获。广州某服装设计师收集工厂积压面料改造手工艺品，原料成本直降 80%；通过二手设备市场采购 95 成新的办公设备，初创团队节省 60% 固定资产投入。建立资源回收网络需要定期走访产业园区，与仓储管理人员保持联系。

三、风险控制三板斧

零成本创业需特别注意风险管控。建议设置 3 个月止损线，每月评估项目是否可行；法律方面要养成微信确认口头协议的习惯，代销合同必须明确库存归属权；心理建设同样重要，坚持每天记录 3 个资源线索，每周进行资源盘点，保持创业韧性。

四、实战工具箱

推荐两个关键工具：阿里巴巴商家服务平台提供免费企业注册、代记账等基础服务；腾讯云创业扶持计划包含万元云资源补贴。成本可采用公式“成本＝每天平均工作时间 × 当前地区最低小时工资”计算，进行理性决策。

零成本创业的本质是资源价值再发现。通过时间置换、技能转化、平台赋能三维度构建启动系统，配合严格的风险控制，完全可以在资金有限的情况下实现从 0 到 1 的突破。记住：创业者最大的资本不是银行账户余额，而是整合资源的创新能力。

第二节　人脉资源变现的 4 种方式

很多创业者都有这样的困惑：微信里加了几千人，参加各种饭局聚会，但真正需要帮助时却找不到能用的人脉。这不是人脉数量的问题，而是使用方法的问题。会用人脉的创业者总能快人一步拿到资源。

一、刚起步的创业者：学会以物换物

设计师老张在刚创业时，曾接到餐厅 VI 设计订单，客户说："设计费能不能用我们餐厅的消费卡抵？"一般人可能就拒绝了，但老张算了一笔账：1 万元设计费换 1.2 万元餐券，自己用不完可以 8 折转给员工当福利，还能送客户当礼品。最后不仅省了钱，还带动了客户来餐厅消费，最后相当于用设计换来 1.5 万元价值。

这种资源置换在创业初期特别实用。具体操作时要注意三点：首先把你能提供的服务和需要的资源列成清单。比如你是做教育培训的，可以与儿童摄影机构换教学活动场地，与文具店换学习用品，与家政公司换保洁服务……

这种策略需要注意的是，建议将置换比例定为 1 ∶ 1.2，让对方觉得划算；一定要签简易协议，写明资源使用期限，如"设计服务抵用 10 次包厢消费，有效期半年"；最好能进行三方循环置

换（A → B → C → A）。

二、行业聚会活跃分子：靠消息赚钱

小王在建材行业工作，消息灵通。他参加建材展会时，发现广东瓷砖厂要找北方代理商，而河北装修公司正缺新品牌，牵线成功后每平方米抽成 0.5 元，半年就赚了 15 万元。

这种模式关键在于信息加工。可以每周花 2 小时整理通讯录，给联系人打标签，比如“王总—包装厂—能提供纸箱—需要线上推广”，有变动时及时调整信息。更高阶的做法是编写《行业通讯》，有位深圳的 90 后把电子市场 2000 家商户的库存信息做成周刊，年订阅费 980 元，卖出 700 多份。要注意的是，敏感信息必须获得授权，最新实施的《中华人民共和国个人信息保护法》对此有明确规定。

消息可以通过成功撮合收佣金（3%~8% 较合理）、卖行业通讯（如《本地装修公司采购名录》）、办付费对接会（每人收 200~500 元）等方式变现。

此外，在加工信息时，不要只当传声筒，要注意提升价值。比如，对比三家同类供应商的优劣势；提醒潜在风险（比如某厂家交货常延期）；预测行业趋势（比如明年流行什么款式），好的服务能带来更多消息变现的机会。

三、有优质人脉但不会用的人：学会借别人的名气

李姐的服装厂给商会活动赞助 20 件文化衫，衣服印着商会 logo。3 个月后，商会秘书长主动介绍客户，单子越接越多。还有个做有机食品的创业者，请到营养学会副会长参观农场，把合影放在产品包装上，经销商拿货量立刻翻倍。这些都是典型的“信

用背书”效应。

找背书对象要瞄准三类人：行业协会领导、知名企业高管、垂直领域网红。合作方式可以很灵活，比如赞助活动礼品时要求印双方 logo，或者邀请对方当“荣誉顾问”挂名，最常见的做法就是在报价单附上“×× 机构指定供应商”字样。但要特别注意法律风险，不可伪造合作照片，《中华人民共和国反不正当竞争法》第八条明确规定不得虚假宣传。

四、在某个圈子混得开的人：当个“人脉枢纽”

陈先生在玩具批发市场干了 10 年，认识所有大经销商。后来他建了个微信群，厂家发新品找他推广，零售商要货找他调货。他在每笔交易中抽取 2% 服务费，年入百万。

这种模式的核心是找准生态位，先问自己 3 个问题：“哪个领域的人最常找我帮忙？哪些信息只有我能快速获取？哪些环节没我不行？”明确定位后即可搭建平台，可以从建群开始，把供应商和客户分群管理，定期发行业简报。盈利模式除了佣金，还可以收会员年费。东莞有位“五金女王”，掌握着 500 家工厂的急单渠道，现在接单前要先付 1980 元年费。

五、人脉变现不伤感情的 3 个原则

第一，先无偿帮助对方三次再谈合作；第二，所有条件摆在明面上；第三，永远给对方拒绝的余地。

明天就可以做 3 件事：给通讯录前 20 人发条问候微信，主动提出帮忙；参加行业交流会时至少帮两个人相互介绍；把手机里的重要合影整理成专用相册。记住，人脉就像工具箱里的扳手，放着不用才是最大的浪费。

第三节　打动投资人的故事模板

2014 年，还是大学生的戴威拿着 ofo 共享单车计划书见投资人。前 10 次路演，他专注讲解自行车智能锁技术，结果全部被拒。第 11 次，他改为讲述北大校园里学生偷车的真实故事：“每丢一辆车，就有一个同学要步行 40 分钟上课。”这个痛点故事让投资人当场拍板投资 100 万元。

这个案例揭示了一个铁律：投资人首先为故事买单，其次才是产品。根据清科研究中心数据，能用故事清晰表达痛点的项目，融资成功率比纯讲技术的项目高很多。

一、好故事的 3 个必备特征

1. 看得见的痛点

美团王兴早期见投资人时，会先展示餐厅老板手写的外卖订单照片：“字迹潦草导致送错餐，每天要处理 20 起投诉。”这种具象化表达比说“餐饮行业数字化程度低”更有冲击力。

2. 摸得着的方案

理想汽车创始人李想当年用简单对比打动投资人：“传统 4S 店试驾要填 5 张表，我们扫码就能开走车。”现场演示手机开车门功能，比讲 100 页 PPT 更有效。

3. 算得清的回报

喜茶聂云宸早期融资时这样算账："深圳海岸城店日均销售 2000 杯，按这个标准，100 家店年收入就是 7 个亿。"用单店模型推演规模效应，让数字自己说话。

二、四步故事模板详解

1. 描述具体问题（建议时长：2~3 分钟）

（1）核心要领：用场景化表达代替行业分析。

（2）具体事例：一位做幼儿园安全系统的创业者对投资人讲道："我是做幼儿园安全系统的。上周北京某幼儿园又发生陌生人闯入事件，这是今年第 8 起同类案件。园长告诉我，现在保安平均年龄 55 岁，根本追不上年轻人。"同时，他准备几张真实场景照片，包括混乱的排队场景、破损的设备等，并展示第三方统计数据——"行业报告显示大多数幼儿园存在安防漏洞"，令投资人当场签下合同。

2. 提出解决方案（建议时长：3~5 分钟）

（1）核心要领：要演示而不是讲述。

（2）具体事例：完美日记创始人黄锦峰在路演时先展示大牌口红价格："香奈儿一款口红卖 320 元，相当于大学生半个月生活费"；之后演示自家产品："同样品质，我们只卖 99 元"；最后播放用户视频："你看这个女孩在宿舍试妆时多开心"。这个方式非常值得借鉴。提出解决方案时，有以下几个必备要素：产品需要现场演示；成本、效率、体验的量化对比要明确；实物展示更有说服力。

3. 进行同类项目市场验证（建议时长：2 分钟）

（1）核心要领：用早期用户的狂热证明产品价值。

（2）具体事例：元气森林唐彬森的故事模板堪称经典，他先展示便利店销售数据："首批 5000 瓶 3 天售罄"；之后播放消费者采访："这个 90 后说'终于找到不含糖的好喝饮料'"；最后呈现复购率："38% 的顾客 7 天内再次购买"。让投资人清楚认识到投资的利益。在这一步，需要准备数据清单使故事更充分，内容包括：首批用户数量、用户留存率、典型用户画像（年龄 / 职业 / 城市）、用户自发传播证据（朋友圈截图等）。

4. 讲解资金规划（建议时长：1 分钟）

（1）核心要领：让投资人看到钱去哪儿、怎么回来。

（2）具体事例：薇诺娜化妆品曾以具体数据打动投资人。"计划融资 500 万元，其中 200 万用于扩建云南工厂（附施工图纸），150 万投入 3 家三甲医院的临床验证（已签合作意向书），150 万用于抖音推广（测试期投资回报率已达 1 ∶ 4）。"既展现了业务拓展的全面性，又通过具体数字增强了可信度。此外，他们给出了明确的时间节点——"预计 18 个月后月销售额突破 2000 万元"，让投资人能清晰看到资金回收周期。这种将资金用途、验证依据和回报预期相结合的表述方式，既专业又具有说服力。

三、5 个真实融资故事拆解

1. 泡泡玛特（2017 年 A 轮融资）

王宁讲故事的方式非常有趣，他首先通过商场玩具柜台照片和街头采访视频，直观展示了市场上缺乏针对成年人的设计感玩具这一痛点。"25 岁的白领小林一脸嫌弃地说她根本买不到摆件"的画面让人印象深刻。随后他现场演示了盲盒玩法，拆解过程中强调每个系列包含 12 个常规款和 1 个隐藏款的独特设计，并展示了与 50 位新锐艺术家的签约名单。最后还通过门店销售数据来佐证市场商业价值，最终成功打动华兴资本投资 2000 万元。

2. 大疆创新（2013 年 B 轮融资）

汪滔完美演绎了技术产品的故事化表达。他先用专业航拍设备 30 万元与单反相机 3 万元的对比图，配合电视台记者抱怨航拍成本高的采访片段，清晰呈现行业痛点。在户外演示环节，Phantom 无人机通过手机 APP 控制的流畅飞行和云台防抖专利技术的展示，让投资人亲眼见证技术突破。

3. 三顿半咖啡（2018 年天使轮融资）

吴骏用对比实验颠覆了速溶咖啡的低端形象。他先晒早高峰排队星巴克的照片以及办公室访谈录音，来描述都市白领的咖啡消费痛点。随后将三顿半 3 秒冷萃还原咖啡与传统速溶咖啡需要 2 分钟溶解的实验结果进行直观对比，再配合 85% 用户认为接近现磨咖啡的盲测结果，有效建立了产品溶解速度快、口感好的优势。小红书 5000 篇素人笔记和首批用户月均 4.2 次的复购数据，最终促使峰瑞资本投资 500 万元。

4. 认养一头牛（2021 年 A 轮融资）

创始人徐晓波通过展示奶牛养殖场的抗生素滥用检测报告，配合消费者调研中“70% 妈妈担忧牛奶激素问题”的数据，直击乳品安全痛点。解决方案环节，他演示了“每头牛佩戴智能项圈＋用户 APP 实时监控”的透明化养殖系统，并呈现首批会员复购率达 82% 的运营数据。最终获得德弘资本和 KKR 联合领投的 4 亿元融资。

5. 十月稻田（2020 年 B 轮融资）

农业科技企业十月稻田则通过技术重构产业链价值。由于传统农业的高损耗率及农产品溢价有限，其部署物联网种植系统实现精准农业，联合研发的低氧恒温仓将储藏损耗大大降低。该企业通过建设三维品质体系和鲜米订阅服务，实现了较高的年复利增长，订阅用户复购率达 82%，客单价达到传统产品 3 倍。这种“数字种植＋智能仓储＋品牌升级”的商业模式，使其获得启承资本连续投资，最终 2023 年港股上市市值突破 120 亿港元。

四、讲故事实战指南

1. 投资人最反感的 3 种故事

（1）假大空型

错误案例：“我们要颠覆整个零售行业。”

正确表述：“先解决社区超市进货难的问题。”

（2）技术自嗨型

错误案例：“我们的算法采用第三代神经网络……”

正确表述：“这个功能让用户下单时间从 3 分钟降到 30 秒。”

（3）数据造假型

错误案例：“明年肯定做到 10 个亿。”

正确表述：“按现有增长率，明年预计做到 800 万元。”

2. 实用的练习方式

（1）对照四步故事模板，用手机录制 3 分钟故事视频。

（2）找 5 个非本行业的朋友练习，记录他们记住的 3 个关键词。

（3）根据反馈修改故事结构，重点强化被忽略的环节。

最好的融资故事不在 PPT 里，而在创业者的眼睛里。当你讲述用户因你的产品而生活得更好的真实案例时，投资人一定能感受到那份真诚与热情。

第四节　精打细算的现金流管理

北京中关村“码农咖啡”的案例给我们上了生动的一课：这家日均流水 8000 元的咖啡馆，账面月利润 5 万元，却在开业第 8 个月突然倒闭。后来清算账目时发现，虽然财务报表显示盈利，但实际流动资金存在严重问题。顾客扫码支付的款项需要 15 天才能到账，而开业时支付的 12 万元房租押金和 8 万元咖啡机尾款已经掏空了启动资金。到第 6 个月时，账上仅剩的 1.2 万元，根本无法支付下季度房租。

这个典型案例揭示了现金流管理的 3 个黄金法则：第一，只有实际到账的钱才是真正的收入；第二，大额支出必须提前做好资金规划；第三，财务报表上的利润数字不能等同于银行账户里的可用资金。

一、管好现金流的 5 个关键方法

1. 记好 3 本账

（1）日常流水账

以开快餐店为例：

①每天营业结束后核对事项：

外卖平台：截图保存对账单。

现金收入：用验钞机清点后存银行。

网络银行：导出明细表格。

②使用“今日水印相机”APP 拍摄当日现金照片

③每周日晚上花 1 小时整理电子台账

（2）应收应付账

将坏账率始终控制在 1% 以下的实用催款技巧：

①把客户分为三级：

A 级（优质客户）：允许月结 30 天。

B 级（普通客户）：付 70% 发货。

C 级（新客户）：全款发货。

②每周五下午 3 点统一发送对账单。

③逾期账款处理步骤：

第 1 天：消息提醒。

第 3 天：电话沟通。

第 7 天：上门拜访。

（3）备用金账

不同行业的备用金标准各有侧重。餐饮业需要留足 6 个月房租，因为店面租赁是刚性支出；制造业要准备 3 个月原料款，确保生产不受供应链波动影响；服务业则建议存储 4 个月工资，避免人员流动带来的经营风险。

2. 控制付款节奏

（1）与供应商谈判技巧

广州某纺织服装厂的陈姐是与面料商讲价的专家，她总是以扩大订单量为筹码：“张总，这次夏装订单要下 5000 件，如果付款周期能从 30 天延长到 60 天，秋季的 8000 件订单还找您做。”不仅成功延长了账期，还额外争取到 2% 的采购折扣。陈姐的服装厂保持着 45 天的平均付款周期，比行业平均水平多出 15 天。

（2）工资发放技巧

上海一家设计类企业聪明地将发薪方式做了划分：基本工资在每月的 5 日打至银行卡，绩效工资在每月的 20 日用微信红包转账的方式进行发放，年终奖则分别在重大节日（春节、端午节、中秋节）进行发放，此方式既能减轻经济压力，也能增加员工的幸福感。调查发现超过五成的员工喜欢这种多次到账的模式，认为这比一次性发放更有获得感。

3. 加快资金回笼

（1）分级收款策略

南京装修公司徐老板总结出一个经验："宁可少接单，不做全垫付的工程。"他付款时采用阶梯模式：签订合同时收取 30% 定金用于采购基材，水电工程验收后收取 40% 支付工人工资，竣工验收时扣除 5% 质保金后结清尾款。这一"30—40—30"的模式，让他的现金周转天数由原来的 120 天降到了 60 天。

（2）现结激励机制

以开设汽修厂为例，可以将支付方式分为三档：

①现金支付：立即享受 8 折优惠（吸引个体车主）。

②扫码支付：原价结算（针对企业客户）。

③月结账户：加收 5% 服务费（筛选优质客户）。

这个方案的主要目的是提高现结比例、加快月均回款，并配合会员储值体系沉淀预付款。

4. 做好资金预警

（1）建立三色动态监控

可以将资金预警系统分为 3 个层级：

①红色警戒线（资金少于 1 个月开支）：触发当日即冻结所

有非必要支出，优先处理库存变现。如有贷款，需避免贷款逾期。

②黄色警戒线（资金在3个月开支范围内）：启动应收账款专项清理，对超60天账期的客户采取法律手段，尽可能回收呆账。

③绿色安全区（资金多于3个月开支）：将20%资金购买7天通知存款，既保证流动性又获得年化收益。

（2）压力测试模型

苏州某科技公司每季度进行的极端情况模拟值得借鉴：

①测算停工1个月的现金消耗。

②评估主要客户破产的影响。

③分析原材料价格暴涨20%的承受力。

通过该模型，他们提前发现海外业务存在3个月资金缺口，及时调整市场重心。

5. 活用融资工具

（1）信用卡组合策略

深圳跨境电商李小姐的信用卡管理方案包含以下关键点：

①使用A卡（账单日5日）支付上个月16日至本月5日采购费用。

②使用B卡（账单日15日）支付本月6日至15日采购费用。

③店铺流水在最后还款日前循环还款。

通过50天免息期的叠加使用，相当于获得30万元无息贷款。但需特别注意将额度控制在月流水的30%以内以避免风险。

（2）政府补贴申报

小微企业可重点关注以下补贴政策：

①创业补贴：注册2年内企业，最高10万元（需提供雇佣证明）。

②稳岗补贴：社保人数保持率高于 90%，返还 50% 失业保险金。

③技改补助：设备投资超 100 万元，补贴 15%（制造业专属）。

二、危机应对实战指南

1. 债务逾期处理

佛山陶瓷厂建立的四级应对机制效果显著：

逾期 7 日内，进入协商阶段，提供分期还款方案，免除利息；逾期 15~30 日，进入施压阶段，停止新订单并发律师函；逾期 30~60 日，进入法律阶段，启动诉讼并申请财产保全；逾期 60 日以上，进入止损阶段，将债权转让给专业机构。该企业在 2023 年通过该机制回收不良账款 137 万元，将坏账率控制在 2.3%。

2. 突发支出管理

建议建立的“应急资金池”需满足三大原则：

（1）专款专用：仅用于设备突发故障、重大诉讼等紧急情况。

（2）分级储备：基础池（3 个月开支）+扩展池（6 个月开支）。

（3）动态补充：每季度利润优先补充消耗资金。

武汉某连锁餐饮 2024 年遭遇食品安全事件时，就是依靠 100 万元应急资金支付赔偿金及公关费用，避免了品牌崩溃。

三、数字化管理工具推荐

1. 现金流预测系统

推荐三类工具：

工具类型	代表产品	核心功能
自动对账系统	金蝶精斗云	银行流水智能匹配（误差小于 0.3%）
预警平台管理	用友 U8+	三色预警＋多场景模拟
移动审批 APP	钉钉智能财务	电子发票＋在线付款审批

2. 电子凭证管理

深圳某贸易公司的数字化实践值得借鉴，该实践实施后月度对账时间从 56 小时缩减至 8 小时。

（1）所有收付款凭证扫码上传云端。

（2）供应商对账单自动生成并邮件发送。

（3）电子合同区块链存证。

四、执行落地检查清单

1. 计算现金周转天数

可利用公式“应收账款天数＋存货天数－应付账款天数”进行计算。

2. 筛查超 90 天应收款

如存在相关账目，应立即启动催收程序。

3. 联系 2 家银行开通信用贷预审批

4. 建立客户信用评级体系

参考 A/B/C 分级标准建立体系。

5. 测试现金流压力模型

至少包含停工、涨价、坏账 3 种情景。

6. 完成政府补贴申报摸底

制作政策匹配清单。

第四章　营销与推广秘籍

第一节　小品牌的快速出圈秘诀

对小品牌而言，“出圈”不是靠烧钱，而是精准击中市场情绪的杠杆点。在信息爆炸的今天，再好的商品，如果不会营销和推广，也不会被市场看见。本节将从锚定卖点、宣传、销售渠道、控制风险等方面帮助创业者提高品牌出圈概率。

一、找到你的独特卖点

很多小品牌一开始就想做大而全的产品，这是错误的。你要找到一个特别具体的点，把它做到极致。

比如有个叫“好自在”的养生饮品品牌。他们发现年轻人也有养生需求，而市面上大多数养生饮品都是给中老年人喝的，包装很土气，无法吸引年轻消费者。于是他们通过“年轻化养生水”定位，将红豆薏米水、红枣枸杞水等传统配方改造为“便携养生能量包”，并在便利店冰柜渠道实施“视觉饱和攻击”：

首先，把传统的红豆薏米水做成便携小包装，包装设计用年轻人喜欢的荧光色；而且在瓶身上写“熬夜急救”“久坐克星”这种年轻人关心的问题；另外，还设计了配套的表情包，扫码就能下载。

结果这个品牌在便利店卖得特别好，年销售额超过 10 亿元，而起点就是因为他们找到了一个别人没注意到的市场空白。

二、让顾客帮你宣传

现在最有效的广告不是品牌自己打广告，而是让顾客主动帮你宣传。

化妆品品牌“花西子”在这一点上做得特别好。他们的做法是先在网上征集 1000 个顾客拍化妆视频，再让网友投票选出最好看的妆容，最后把得票最高的妆容印在新产品包装上。这些拍视频的顾客自动成为“美学传播官”，卖出去产品还能拿提成，所以顾客的参与度特别高。

这样做的好处是有目共睹的，第一，产品设计直接来自顾客，肯定受欢迎；第二，这些拍视频的顾客会主动帮品牌宣传，节省宣传成本；第三，结合数据，可以在新品上市前就知道会不会畅销。花西子团队用这个方法，使研发时间大大缩短，新品一上市就卖得特别好。

三、选对销售渠道

很多小品牌一上来就想进大超市，这其实很困难。聪明的做法是找到适合自己的特殊渠道。

以“开小灶”这个速食品牌为例，他们发现长途司机经常要在加油站买东西吃，就专门为加油站设计了“驾驶能量套餐”。该品牌还为电竞酒店设计了“通宵游戏套餐”，为露营爱好者研发了户外专用自嗨锅。

该团队通过选对销售渠道，有效避开了和大品牌的正面竞争，还从特殊渠道获得了更高的利润，且通过细分产品，顾客会觉得你的产品很专业。后来当“开小灶”品牌进入普通超市时，因为在这些特殊渠道已经很有名，反而更容易被接受。

四、控制风险

很多品牌一出名就出问题，因此要注意以下几点：

1. 供应链断裂风险

（1）案例品牌：蜂花洗发水

该品牌因“哭穷营销”后供应链崩盘导致原料断供，无法按时发货，最终引发大量消费者投诉。

（2）警示要点：需要建立“柔性供应链分级响应机制”，例如提前与供应商签订阶梯式供货协议，约定不同销量级别对应的原料供应方案。

2. 广告舆情风险

（1）案例品牌：Ubras 内衣

2024 年因广告文案被质疑“物化女性”，引发舆论危机。例如“让女性轻松躺赢”等不当措辞，导致品牌形象受损。

（2）防御措施：需预设“价值观审查清单”，所有宣传物料需通过性别平等、文化敏感性等维度审核。

3. 价格定位风险

（1）案例品牌：钟薛高雪糕

该品牌早期以“高端雪糕”定位（单价 15~20 元），后期为冲销量进入平价便利店渠道，售价降至 3~5 元，导致原有顾客群体产生被欺骗感，品牌形象崩塌。

（2）应对策略：采用“锚定品＋利润品”组合定价，例如保持一款高价标杆产品，同时推出平价衍生款，避免直接降价伤害品牌价值。

五、找合适的合作伙伴

小品牌可以找一些需要好产品但自己不会做的单位合作。

比如有个叫“观夏”的香氛品牌，他们先和大学合作研究中国人喜欢的香味，然后在苏州园林办展览，让大家体验，最后和高级酒店合作推出限定款。

仅仅三步，就增加了产品溢价：大学给产品增加了科技感；园林展览让人觉得很有文化；与高级酒店合作提升了品牌档次。他们的产品从200多元卖到800多元还有人买单，就是因为这些合作让品牌显得很高端。

简而言之，成功打造一个小品牌并非偶然，而是需要系统性地把握几个关键环节。为帮助创业者系统落地这些策略，我们特别设计了《出圈检查问卷》，包含具体操作步骤和评估标准，可随时对照执行。

一、填写问卷（满分100分）

1. 基础问题（每个问题10分，共50分）

□你的产品能一句话说清特色吗？（例：“给熬夜党的便携养生水”）

□目标用户是否超过100万人？（查百度指数或电商平台数据）

□有没有竞品没做到的1个功能？（对比TOP3竞品官网）

□包装/外观有没有让人想拍照的点？

□能否在3秒内引起陌生人兴趣？（拿给路人测试）

2. 执行检查（每个“是”得10分，共30分）

□已有至少50个真实用户反馈。

□找到3个特殊销售渠道（如电竞酒店/加油站）。

□已谈好至少 2 家备用供应商。

3. 加分项（每个 5 分，共 20 分）

□产品自带社交属性（如可 DIY/ 能晒图）。

□有跨界合作资源（大学 / 博物馆等）。

□已准备危机应对方案。

□已设计传播话题（如“最丑包装大赛”）。

二、结果对照

80 分以上：迅速行动，成功概率高。

60~79 分：补足短板再启动。

60 分以下：建议重新规划。

三、使用说明

1. 在问题前面的“□”中勾选得分。

2. 每月月初重新评分。

3. 重点补足得分最低的两个项目。

第二节　社交媒体传播的爆款公式

社交媒体营销热潮下，90% 的创业者犯了“流量瘾症”——用全部资源去追求点赞量和关注度，而忽略了最基本的商业属性：内容应该服务于创业项目本身。错位的观念给无数企业带来高昂的营销推广成本后，换回来的只是无法变现的“虚假繁荣”。本节就带来从博眼球到建信任的思维进阶，帮助创业者用内容来筑起护城河，让爆款从意外到必然。

一、从流量思维到价值思维的转变

1. 流量思维的致命缺陷

第一，流量思维沉溺于短期数据。一支流量品牌花费 20 万元购买平台流量，用钱砸出曝光达到 500 万次的爆款视频，但实际转化率很低；第二，流量思维会诱导创业者生产脱离业务的内容。例如教育机构模仿搞笑段子，虽然涨粉迅速，但目标用户流失；第三，流量思维容易让企业被平台算法绑架。某服装店主投入 80% 的运营支出用于购买平台流量，一旦停止投放，业绩立即下滑。

2. 价值思维的落地方法

（1）先找准真实痛点

不要自己猜用户要什么，直接去问。比如，餐饮创业者最头疼选址（开一家倒一家）；新手宝妈最怕宝宝过敏（选错奶粉全身疹子）；小工厂最愁库存积压（卖不出去只能当废品）……客户最关心的，就是最有市场的。

有个做母婴用品的团队，专门整理医院儿科诊室里的常见问题，做成《新生儿护理避坑指南》，每条视频最后放产品购买链接。由于找到了消费者的痛点，奶粉销量大幅增长。

（2）把生产过程变成内容

客户不是要买产品，而是买解决方案：手工皮鞋品牌直播 72 道工序，展示怎么选皮、缝线；果园拍摄暴雨后抢收过程，解说怎么保证水果新鲜；软件公司开放产品改进会议，让客户参与提需求等，都能引起客户的兴趣。

比如，某生鲜电商拍《凌晨 3 点的菜市场》系列，带观众看怎么挑菜、砍价、质检。粉丝看完都说："你们选品这么严，我闭眼买。"

（3）设计实用工具

给用户马上能用的小工具，可以有效提高复购率，比喊口号实用：

测试类：餐饮选址评分表、库存健康检测器。

计算类：装修成本计算器、食材损耗公式。

模板类：直播话术模板、合同风险自查表。

3. 三步走转型计划

（1）第 1 周：搞清用户要什么

翻客服聊天记录。比如发现 10 个客户有 8 个问售后问题。

找 20 个老客户打电话。别问"满意吗"，要问"最近遇到什么麻烦"。

（2）第 2 周：做内容测试

拍三条视频，一条讲知识，一条展现实际过程，一条做工具演示。哪个咨询多就继续做，比如工具演示视频带来 50 个私信，立刻加大投入。

（3）第 3 周：搭建循环系统

比如每周二发知识干货，解决顾客常见问题；每周五直播带客户参观工厂，建立起顾客信任；每月送实用工具包，如《开店必备合同模板》。

某农特产小店原来每天发产品广告，后来改成教用户识别真假土鸡蛋、分辨陈米新米。虽然点赞少了，但客单价从 89 元涨到了 256 元。

这说明好内容不是让用户看完说“真有趣”，而是说“正好我需要”。当你的视频能帮客户多赚钱、少踩坑时，他们自然会把钱包打开。

二、服务创业的四大内容策略

1. 痛点定位法：精准捕捉市场需求

创业者最宝贵的资源不是资金，而是对用户痛点的洞察能力。某少儿编程教育机构通过分析家长群聊记录，发现“孩子学编程坐不住”是高频抱怨。他们随即推出《5 个游戏化教学技巧》系列视频，展示如何用趣味项目保持孩子专注力。每条视频结尾附带“专注力测评工具”，收集到 3800 多份有效问卷，据此开发的课程包上线首月即售罄。关键操作步骤如下：

第一步，收集目标社群关键词；第二步，将痛点转化为具体问题，如“如何让三年级孩子坚持编程 1 小时”；第三步，制作工具型内容，如检查清单 / 测评量表；第四步，设置数据回收入口。

2. 价值可视化表达：让抽象优势可感知

某空气净化器品牌面临产品价格高于竞品 3 倍的销售阻力。他们拍摄了《24 小时工厂空气监测》纪录片：第一天展示未净化车间的 PM2.5 数值高于 200；第二天安装设备后实时监测，车间 PM2.5 数值降至 30 以下，其中穿插工人访谈："现在咳嗽次数明显减少了。"

该系列内容使产品转化率提升，关键在于选择用户最关心的核心指标——健康数据，用时间轴呈现对比，效果直观，另外还引入第三方（员工 / 客户）见证，使数据更真实。

3. 用户共创体系：将粉丝转化为研发伙伴

轻食品牌"沙拉日记"的爆款产品均来自用户创意：该团队每月举办"黑暗料理大赛"（奇葩食材组合挑战），票选前 3 名进入新品研发池，并提供销售额 5% 作为创作分成这种模式带来 38 款限定产品，其中"芒果辣酱鸡胸沙拉"成为年度销冠。

该体系有 3 个执行要点：设置明确的参与规则和权益；直播厨房实验，公开研发过程；给创作者命名权，建立创作者荣誉体系，增加顾客黏性。

4. 平台策略适配：不同阶段的精准投放

知识付费创业者"职场密码"的进阶路径值得一提，他们在不同发展阶段在不同平台上都达到了不错的宣传效果。该团队在初创期，在知乎回答"转行互联网"相关问题，获 2000 多次收藏；在成长期，在 B 站做《大厂 HR 解密》系列，涨粉 5 万；在成熟期，开发 LinkedIn 行业报告，并获得企业采购。其内容演进是有规律可循的：早期输出普适性干货吸引基础用户，中期打造标杆案例建立专业形象，后期生产行业级内容对接 B 端资源。

三、创业者必用的三大转化工具

1. 百试百灵的钩子内容

钩子吸引人的底层逻辑是要用问题触发行动。

首先，拍问题视频，用手机拍客户常问的 3 个问题。如“为什么我的店没人进”；之后，提出解决方案，可以在视频最后说：“我们有套方法帮 30 家店提升客流，想知道的评论区扣 1”；最后，发福利引流，给扣 1 的人私发《门店引流 5 招》PDF，并在 PDF 里加入你的联系方式。

2. 私域加粉实战步骤

周一发朋友圈“刚帮客户省了 2 万元成本，要案例的点赞”，朋友圈配图使用客户签约现场照增强可信度；周三给点赞的人私聊，如“发你省钱方案，顺便问问你们行业最大痛点是什么？”，私聊话术可以加入具体数据，如“已收集 327 位老板的反馈”；周五把收集的痛点做成新内容再发布，形成完整的闭环。

3. 热点蹭流量模板

发现热点时立即进行产品场景化植入，如借“地摊经济”政策拍摄《移动餐车设备使用指南》。具体操作如下：

用你的产品解决热点问题，如几年前顾客担心配送骑手偷吃外卖时，餐饮店将餐盒用特制标签封口；再在视频标题加热点关键词，如“用这个方法应对 ×× 新政策”；最后在评论区置顶评论“需要具体操作文档的私信我”。

四、必须规避的创业内容陷阱

1. 虚构场景，失去用户信任

创业者都希望把自己最好的一面示人，殊不知，弄虚作假反而适得其反。例如，餐饮店账号在标题中说“开业当天赚了 10 万元”，可当消费者慕名而去，却发现门可罗雀。发布内容造假往往会造成以下不良影响：其一，被消费者发现受骗，取关概率变高；其二，存在被平台封禁处罚风险，据统计，抖音 2024 年封禁了 12 万个虚假营销账号；其三，容易影响团队价值观，从内容的造假演变成产品造假。

想要取得顾客的信任，其实有很多种方法，但底层逻辑都是“真实”：

（1）公开真实经营数据，比如每日进货单、顾客评价截图。

（2）主动暴露改进过程，比如某奶茶店每月发布“最难喝的 3 杯饮料改良记录”。

（3）用细节增强可信度，比如服装店主直播剪线头、量尺寸的全过程。

2. 只顾自嗨，忽略用户需求

技术型创业者最容易掉进这个坑。比如某 APP 开发团队天天发“代码优化教程”，用户却完全看不懂这些内容和自己有什么关系。

转型方法很简单，就是把产品或项目的优势展示明白，让顾客认为这和自己的生活密切相关：

（1）翻译专业术语，把“AI 算法”改成“帮你自动算清每笔账”。

（2）演示使用场景，用对比视频展示“用工具前 VS 用工具后”的差别。

（3）提供实用工具，比如免费的成本计算模板、合同范本等。

3. 乱蹭热点，模糊品牌定位

看到别人追明星八卦、社会新闻就跟风，结果粉丝根本记不住你是做什么的。比如教育机构硬蹭娱乐热点，家长反而觉得不专业。

创业者可以根据下面的量表判断某个热点是否适合去蹭，当某个热点的总分不少于12分时，再考虑跟进。

项目	分值（每项1~5分）
和业务关联度（相关性）	
能否引导到产品（转化性）	
是否符合长期形象（持续性）	

绑定行业相关话题也是不错的选择，比如母婴品牌专注解读育儿政策、农业项目跟踪农产品价格波动。某宠物食品品牌抓住“315宠物粮抽查”热点，发布《教你3招辨别优质猫粮》内容，单日引流300多位精准客户。

创业内容不是表演，而是帮用户解决问题的工具。用真实需求代替虚假流量，用实用价值代替自嗨炫技，才能赢得长期信任。就像街角那家永远排队的老餐馆——不需要网红滤镜，口碑就是最好的广告。

五、长效内容怎么做

很多创业者拍了几条视频没火就放弃了，其实关键要建立一套能持续产生价值的内容体系。这里用最直白的步骤教你30天学会操作。

1. 收集顾客反馈，先搞清楚他们要什么（第1~7天）

（1）翻出所有客服聊天记录，统计被问最多的问题。比如开奶茶店的人总问“怎么防止员工偷材料”。

（2）去竞争对手的网店看差评，将问题类型、出现次数、解决难度记录下来。比如服装品牌发现竞品的差评里“尺码不准”出现几十次时，就可以着重解决这类问题。

（3）直接到店里观察顾客行为。如餐厅老板可以在中午、下午、晚上几个不同时段到店里看哪类套餐最受欢迎，打造引流爆款。

2. 把答案变成看得见的内容（第 8~14 天）

针对收集到的问题产出解决方案。某财税公司拍摄《3 招堵住采购漏洞》视频，教餐馆老板节省成本，咨询量很快就增加了。如果团队足够专业，甚至可以直播连线解决问题，如母婴店主直播教婴儿湿巾成分怎么选，为品牌打造出专业的口碑。

3. 让消费者帮你一起创作（第 15~21 天）

让消费者参与创作，既解决了内容灵感枯竭的问题，节省内容制作成本，还能使产出的内容更为真实可信，提升粉丝信任度。创业者可以分三步让话题“热”起来。

（1）“晒图有奖”闪电战

发布任务，邀请用户晒产品使用场景照，并设奖励机制，如在成本可控的前提下，每日抽 3 位送新品试用。

（2）“故事换优惠”活动

基本公式是“讲出你的故事＋获得专属福利”。以宠物养护中心为例，可在社交平台发起“养宠人最感动的一刻”话题，点赞前 10 名的帖主可带宠物进店体验一次免费美容或获得宠物粮。

（3）“全民策划人”计划

提供选项，让用户来选择，提高参与投票用户的购买转化率。如主播通过粉丝投票决定下周直播主题、蛋糕房通过顾客反馈决定新品口味或颜色。

4. 根据数据调整方向（第 22~30 天）

这一阶段要盯住 3 个关键数字：

（1）多少人私信问价格。比如 1000 播放带来 50 条私信。

（2）咨询的人有多少成交。比如 50 条私信转化成 8 单。

（3）老内容是否被反复传播。比如半年前的视频是否突然又被转发。

开水果店的老王用这套方法让抖音账号在 3 个月涨粉 5 万，线上订单占到总营业额的一半以上。老王在第 1 周整理出顾客最关心的“如何挑甜西瓜”问题；第 2 周拍《3 秒听声辨西瓜》短视频，并获 2 万点赞；第 3 周发起“最难吃水果吐槽大会”，收集到百余种奇葩案例；第 4 周根据反馈推出“水果盲盒”，将转化率提升。

做内容就像开饭店，不能只做一道招牌菜，而要持续出新菜。按这四步走，你的内容就能变成 24 小时不关门的“自动销售员”。

第三节　如何提高线下推广成功率

在数字化浪潮中，线下推广过时了吗？答案是否定的。线下推广之所以在数字化时代仍具关键价值，主要体现在 3 个方面：

第一，真实体验具有不可替代性。消费者通过触摸、试用等感官体验建立产品认知，比如汽车 4S 店的试驾服务让客户直观感受车辆性能，这种体验远超线上图文效果。

第二，即时互动能显著增强信任。美妆品牌林清轩的美容顾问通过现场演示产品效果，解答顾客疑问，使其单店月均销售额突破 50 万元。这种即时互动是线上客服难以替代的。

第三，线下活动能营造“热闹效应”。喜茶新店开业时，精心设计的排队场景反而激发了更多人的购买欲望。数据显示，适当的排队能提升进店率。这种群体消费心理的把握，正是线下推广的独到之处。

线下推广通过构建“体验—信任—转化”的闭环，正在成为品牌差异化竞争的关键抓手，其价值不仅体现在即时销售，更能培养长期用户忠诚度。

一、做好线下推广的 4 个关键步骤

1. 选址要像找伴侣一样用心

选址不是随便找个热闹地方就行，要考虑 3 个匹配：

（1）人群匹配

先画清楚目标顾客画像。比如少儿培训机构就选学校、社区周边，而不是商务区。有个做老年健康食品的商家，特意选在菜市场门口摆展台，因为那里每天早上的主力客流就是他们的目标客户——买菜的大爷大妈。

（2）场景匹配

根据产品特性选场景。卖便携咖啡机的品牌，选择在写字楼大堂做体验，因为白领们上班赶时间正好需要快速咖啡方案。反例是某高端红酒在夜市做推广，环境和产品调性完全不搭。

（3）成本匹配

计算投入产出比。有个新创酸奶品牌算过账，在商场中庭做 3 天活动要 2 万元，预计能获取 500 个试喝客户，按 10% 转化率就是 50 个长期会员，每人年均消费 600 元，这个投资就值得。

在选址时，要提前 1 个月考察备选地点，并用手机拍视频记录不同时段的人流量，还可以和附近商铺老板聊天了解客流规律。此外，很多商场允许短期租赁，最好能试摆一天测试真实效果。

2. 活动设计要让顾客“走不动路”

好活动要满足 3 个条件：

（1）有便宜可占

让客户占便宜不是单纯打折，而是要设计“超值感”。比如某文具品牌推出“1 元换购”活动，买任意商品加 1 元得原价 15 元的笔记本，既促进销售又清理库存。

（2）有热闹可看

设置能引发围观的环节。某宠物食品品牌在活动现场安排狗狗表演技能，吸引大量路人驻足，趁机介绍产品。

（3）有面子可赚

设计社交分享环节。比如设置拍照打卡墙，顾客发朋友圈可额外获赠礼品，让活动信息二次传播。

某新开的面包店做了现烤现吃活动，每小时整点出炉新鲜面包，并提供免费试吃装——不是小块，而是四分之一个面包，让顾客切实感受到活动力度之大，并设置透明厨房展示制作过程。结果日均销售额比预估高出 3 倍，因为顾客看着面包出炉、闻到香味、吃到足量试吃品，购买欲望被充分激发。

3. 人员培训要像教新手开车

培训重点不是销售话术，而是服务流程：

（1）产品体验教学

要求每个员工自己能熟练使用产品。某品牌破壁机让促销员现场演示打豆浆，从泡豆到出浆全程展示，有效打消了顾客对产品操作难的顾虑。

（2）场景化推荐

根据顾客特征推荐。某童装品牌的导购会先问“孩子多大”，然后说“这个年龄段的孩子最适合穿……因为……”，而不是机械地说“现在打八折”。

（3）应急话术准备：列出 10 个最常见拒绝理由及应对方案。比如顾客说“太贵了”，标准回应是“您觉得贵是因为……（解释价值），其实每天只要……（折算日均成本）”。

这里有些重要的关键细节：第一，员工统一着装，提升专业感；第二，佩戴显眼工牌，增加客户信任度；第三，准备小凳子，如需长时间站立服务，可让员工避免因疲劳产生的消极态度。

4. 后续跟进要像朋友问候

90% 的线下推广失败在于没有后续，做好后续跟进，更容易留住客户。

（1）信息收集

复杂的流程是顾客不愿配合信息收集工作的主要原因，因此可以简化流程，降低门槛。某健身房用“扫码测体脂”吸引顾客留资料，比直接要电话成功率高得多。

（2）分层跟进

在举行活动当天，可以私聊客户发送感谢短信，并附上活动现场照片；3 天后为客户推送专属优惠；7 天后邀请客户参加主题活动。这期间需要建立简单的数据看板，记录接触客户数、留资客户数、最终转化数和单客获客成本，并根据数据进行分析，及时调整策略。

某少儿英语机构在社区做地推后的跟进方式值得借鉴：

当天给所有留资家长发孩子学习英语的科普文章。

3 天后打电话：“上次您咨询的试听课，这周六专门为您孩子预留了席位。”

7 天后邀请参加免费亲子活动。最终转化率达到 27%，远高于行业 8% 的平均水平。

二、常见问题及解决方案

1. 没人停下来怎么办

（1）换更显眼的位置。

（2）增加互动元素，比如音乐、表演。

（3）准备更吸引人的赠品。

2. 有人看但没人买怎么办

（1）检查产品介绍是否清楚。

（2）提供更大力度的体验装。

（3）设置更有诱惑力的促销方案。

3. 活动效果一天比一天差怎么办

（1）每天更换一些小环节保持新鲜感。

（2）针对不同时段调整策略。比如工作日主推白领，周末主推家庭客户。

（3）增加新的互动项目。

第四节　口碑营销的底层逻辑

很多人以为口碑营销就是让顾客说好话，其实远不止如此。真正的口碑营销是让顾客自愿、主动地向身边人推荐你的产品或服务。比如我们常看到，有人买了新手机，会兴奋地跟朋友展示拍照功能；吃到好吃的餐厅，会拍照发朋友圈推荐；遇到服务特别好的商家，会主动告诉亲戚同事。

这些都是真实的口碑传播。与广告不同，这种推荐是免费的，而且更让人信服。

一、什么是真正的口碑营销

口碑营销的核心离不开“顾客价值”和“顾客满意”。

1. 顾客价值：用“小动作”撬动大增长

在大多数情况下，顾客具有对产品或服务价值的评估能力（尽管有时候可能是在事后具有的），他们能够从众多的供应品中做出正确的价值区分，并倾向于性价比最高的选择。

我们将其定义如下（见图 4–1）：

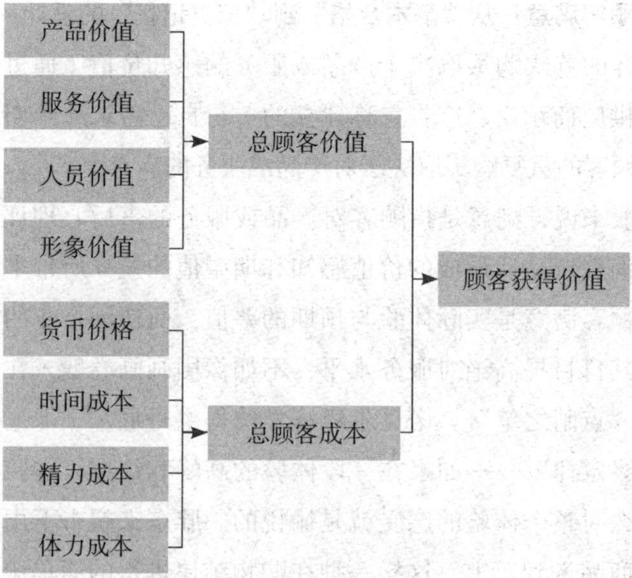

图 4-1　顾客获得价值的决定因素

简单来说，顾客价值的本质是“得大于失”——顾客通过实际体验形成的价值感知（如产品效果、服务专业性），直接影响口碑传播的具体内容和方向。当顾客获得超出预期的功能性价值时，会主动形成正向口碑传播。

创业者不妨尝试在顾客心中的“价值天平”上多放一颗砝码，使回报远超投入。比如在街边开一家早餐铺，可以分三步让顾客获得价值：首先将肉馅标准化到每 100 克含肉量不低于 60%，让顾客看得到产品价值，并在现磨豆浆时将豆香四溢的操作台直接展示给顾客；其次是暖心的服务价值，为晨跑顾客提供免费寄存物品的服务，雨天可以附赠印着店铺 logo 的一次性雨衣；最后进行巧妙的成本控制，通过提前扫码点单减少排队时间，通过批量采购产地直供面粉降低原料成本。

2. 顾客满意：从“基本合格”到“惊喜记忆”的设计

顾客的首次购买取决于产品或服务的感知价值（通过体验、试用或供应商承诺、广告宣称建立的）与自己需求和预期的吻合程度。顾客的重复购买取决于对产品或服务的满意度。

一般来说，满意是指顾客对产品或服务的事后心理评价，是使用或消费产品后形成的价值感知和期望值的差异所带来的心理感受。顾客满意是实际体验与预期的差值，而初创企业的机会在于：与其盲目提高绝对服务水平，不如像国画画卷般，在关键位置制造“点睛之笔”。诺贝尔经济学奖得主丹尼尔·卡尼曼提出了“峰终定律”——如果在一段体验的高峰和结尾，体验是愉悦的，那么对整个体验的感受就是愉悦的。胖东来超市下雨天会帮顾客把商品送到车上，这样一种在购物结尾进行的简单服务，成了品牌口碑的基石。

二、为什么口碑营销这么有效

1. 信任度高：熟人的推荐比广告可信 10 倍

朋友向你推荐某家电好用，远比电视里某明星说“本家电好用”值得信赖得多。长沙茶颜悦色奶茶不也是先凭大学生的朋友圈传播才火起来的吗？外省有很多学生就是因为看到了这些好评才专门去长沙门店排队打卡。这就是熟人圈层的信任背书，是价值高昂的广告无法买来的。

2. 传播成本低：不需要花广告费

一个满意的顾客可能会影响身边 5~8 人的消费决策。蜜雪冰城的快速扩张就是典型案例，学生们因为 4 元的柠檬水物美价廉，自发在朋友圈、抖音分享，3 年内门店突破万家。这种用户自发的传播几乎不需要额外成本，却能带来持续不断的客流。

3. 效果持久：好口碑能持续带来客源

海底捞靠顾客口口相传成了服务神话，后来出现了更多的火锅品牌，消费者还是在说海底捞的服务最好。那种深入人心的认知是短期促销难以企及的。

值得注意的是，互联网放大了口碑的影响力。一条真实的好评可能被成千上万人看到，而一条差评同样会造成巨大损失。这就要求企业必须踏踏实实做好产品和服务，用真诚赢得顾客的主动推荐。

三、如何让顾客愿意帮你宣传

要让顾客自发地为你宣传，关键在于创造值得分享的体验。这不是靠简单的优惠或请求就能实现的，而是要从价格、请求变成有系统的设计、有心的服务，认同顾客、取悦顾客，达到顾客满意。以下是经过验证的 4 个有效方法：

1. 提供超出预期的服务

顾客只会分享那些让他们感到惊喜的体验。比如，海底捞的服务员会为独自用餐的顾客放上玩偶陪伴，为等位顾客提供免费美甲、擦鞋服务和各种零食，这些看似微小的细节，往往能让顾客感动并主动分享，以至于提到“服务最到位的餐饮店”时，人们马上就能想到海底捞，非常值得同行参考。

实际操作时，可以找出顾客最在意的 3 个服务环节，在每个环节设计增值服务，并培训员工灵活执行，不要机械化。

2. 创造易于传播的记忆点

人们喜欢分享有趣、特别的事物。比如，蜜雪冰城通过魔性的主题曲和舞蹈，引发全网模仿；文和友餐厅复原 20 世纪 80 年代老长沙街景，成为拍照胜地。

实际操作时，可以设计一个与众不同的视觉元素，如特色包装，创造一个简单易记的口号或标签，并确保这个记忆点与品牌定位相符。

3. 建立分享激励机制

合理的奖励能提高分享积极性。可以参考瑞幸咖啡的“邀请好友各得 20 元”裂变模式、美容院常用的“推荐三位朋友送护理套餐”、教育机构常用的“老学员介绍新学员减免学费”等。

设计激励方案时要注意，奖励要有足够吸引力但不能过度，分享流程要简单便捷，最重要的是，承诺的奖励必须及时兑现。

4. 培养真实的情感连接

顾客更愿意分享那些有温度的互动。比如，三只松鼠给顾客寄手写明信片、小区水果店老板记得每位老顾客的喜好；母婴店店员会主动询问上次买的奶粉是否合适。

培养情感连接的要点在于记录重要顾客的个人信息和偏好，并在适当时候给予个性化关怀。切记：保持真诚，不要过度营销。与其花钱做广告，不如用心做好每个服务细节，顾客自然会成为你的代言人。

四、具体操作步骤

1. 找到你的“超级粉丝”

先找出那些经常回购、主动提建议的顾客。比如，母婴店可以重点关注经常来买奶粉的妈妈们，给这些忠实顾客特别优惠或新品试用机会。

2. 创造可分享的瞬间

餐饮店可以设计一个特别的菜品摆盘，比如用干冰制造烟雾效果；服装店可以在试衣间安装好看的灯光和镜子，让顾客自拍。

这些都会促使顾客拍照发朋友圈。

3. 简化分享流程

在收银台放上带二维码的分享卡片，扫码就能写评价，并培训员工结账时说“如果您满意，可以扫码给我们一个好评哦”。如果资金足够，可以开发小程序，让顾客点一下就能把优惠券分享给好友。

4. 及时回应和感谢

看到顾客发的朋友圈，店家可以点个赞或留言感谢，对提建议的顾客，改进后要告知并赠送小礼物。这样顾客会觉得被重视，更愿意继续宣传。

五、不同类型企业的实操建议

1. 餐饮店

（1）每桌放个留言本，让顾客写用餐感受。

（2）每月选几条真实好评做成海报展示。

（3）对留下联系方式的顾客，新品上市时发短信邀请品尝。

2. 零售店

（1）设置“买家秀”照片墙，顾客拍照可获积分。

（2）开发会员系统，推荐新客双方都得优惠。

（3）定期举办老顾客专场特卖会。

3. 其他服务业

（1）给对服务满意的顾客发电子感谢卡，附带分享按钮。

（2）制作服务过程的小视频，经顾客同意后传播。

（3）建立顾客微信群，分享实用资讯而非硬广。

六、长期维护口碑的关键

1. 保持品质稳定是生命线

全季连锁酒店的“360 度质检体系”实现了全国 2000 家门店标准化管理，各门店每天进行 87 项自我检查，涉及床单干净程度、前台响应速度等细节。全季的母公司华住集团自主研发了“华住会”APP，一旦顾客投诉，30 分钟内响应，2 小时解决反馈。在如此精细化的品质标准支持下，全季连续 5 年蝉联中端酒店满意度冠军。对比某网红奶茶初期爆火后偷工减料导致口碑崩塌的教训，可见品质稳定性直接影响品牌的生命。

2. 持续创新才能保持新鲜感

气泡水品牌元气森林于 2023 年发起“实验室透明计划”，每月公开研发数据并邀请用户参与口味测试，全年迭代 67 款产品，其中“夏黑葡萄气泡水”通过 2000 名用户盲测后上市即成爆款。其创新不局限于产品，更延伸至渠道建设——2024 年首创“智能冰柜 3.0”，通过物联网技术实时监控终端库存，补货效率提升 40%。元气森林“研发＋场景”的双引擎创新策略让其在无糖饮料这一“红海”中获得 23% 的年增长率。

3. 情感连接让口碑更具温度

创业者可以参考三只松鼠打造的“主人文化”：每年寄送 300 万份手写明信片，笔迹模仿松鼠爪印；开发“养鼠小游戏”让用户云喂养虚拟宠物兑换坚果；建立“松鼠小镇”线下体验店，亲子家庭可参与松果手工课。2024 年母亲节推出的“寻找最像松鼠的妈妈”UGC 活动，通过 AI 面容比对技术引发社交话题，相关视频播放量突破 5 亿次。这种将 IP 人格化的策略，使其复购率高出行业均值 18 个百分点。

4. 危机应对考验持久口碑

2024 年某奶粉品牌遭遇包装密封性争议时，启动“三重透明行动”：12 小时内开通生产线直播频道，72 小时内在 40 个城市举办工厂开放日，15 天内上线扫码溯源系统显示质检记录。更关键的是建立“品质观察员”制度，邀请 1000 名妈妈定期突击检查仓库，该举措使品牌信任度逆势提升，证明了危机处理能力是口碑资产的压力测试。

这些案例揭示口碑维护的本质：“品”是口碑的根基，“新”是口碑的核心，“情”是口碑的黏合剂，“危”是口碑的保障。品牌应形成“观察—改进—关系—修复”的闭环，这样，品牌才能在长期竞争中积累出口碑资本。

第五章　精细运营与避险指南

第一节　每天必看的 3 个关键数据

数据是创业者最忠实的商业仪表盘：账户余额决定你能活多久，客户增长率反映市场认可度，而客单价则验证商业模式健康度。这 3 个数据就好比人的体温、脉搏、血压，每天用 3 分钟关注一下，经营中的风险就能被及时发觉，少走创业弯路，不至于每天瞎忙活却没什么成效。

一、账户里还剩多少钱

这个是最基本也最重要的数据。很多创业者只关心赚了多少钱，却忽略了账户里实际还有多少钱能用。这里要看的不是利润表上的数字，而是账户里实实在在的余额。

建议创业者在每天早上登录所有收款账户，加总所有可用资金，建立专门的资金日报表记录今天必须支付的款项，如工资、房租、货款等，计算可用资金减去必须支付的款项后还剩多少，并留出至少 20% 的备用金。

二、今天新增多少有效客户

1. 为什么要统计这个数字

客户增长是创业过程中最重要的指标之一，但很多创业者只重视总营业额的规模，忽略了客户增长的质量和可持续性。通过有效客户统计，我们不但可以判断营销活动的真实效果，更可以帮助我们发现业务转化过程中的不足，推测未来收入的稳定性。

2. 具体操作方法

各个行业的侧重点各有不同。餐饮业主要看实际消费的顾客，零售业关注购买商品的顾客，服务业则看重签订服务协议的客户，而电商则以完成支付的用户为准。需要注意的是，不是所有来店内消费过的客户都是有效客户，建议创业者根据自身业务特点制定明确的有效客户标准。比如某健身房就将有效客户定义为不仅办了卡，而且实际来锻炼超过 3 次的会员。因此需要重点关注三个数据：

（1）新增客户数：今天第一次来消费的人数。

（2）转化率：进店的人中有多少最终消费了。

（3）回头客比例：老客户今天来消费的有多少。

李女士开了一家少儿英语培训机构，开始只统计报名人数。后来发现虽然每天咨询的家长很多，但最终报名的很少。于是她开始记录每天到店咨询人数、试听课到场人数和试听后报名人数。具体做法是设计简单的登记表、给每个客户编号、每天下班前统计当天的转化数据。李女士通过这些数据发现，虽然每天有 10 位家长咨询，但其中只有 6 位会带孩子来试听，最后只有 2 位会报名。于是她重点改进试听课质量，3 个月后转化率提高，10 位家长中有 4 位会带孩子报名。

三、每个客户平均花了多少钱

1. 为什么要统计这个数字

成交不仅仅是来的人越多越好，还要看每个人到底买了多少钱的货。就像去菜场买菜，有的人可能只是买了两根葱，有的人可能买了整只鸡，尽管都是消费者，但是对摊主的帮助却是大相径庭。而这个平均下来每人花费的数字，就像量体温的温度计，第一时间让你了解营业的状态好不好。

（1）发现价格问题

服装店主小李发现，虽然自己每天能卖 30 件衣服，但每名顾客平均的消费只有 80 元。原来是因为店里最畅销的都是特价区的便宜货，正价区的衣服根本没人问。后来他调整了陈列方式，把特价品放在了店铺最里面，客单价慢慢提高到了 120 元。

（2）检验促销效果

某奶茶店做过“第二杯半价”活动，虽然排队的人多了，但算下来每人平均只花 15 元，比平时的 18 元还低。后来改成“满 30 元送小礼物”，不仅客单价涨到 22 元，总利润也提高了。

（3）找出畅销产品

社区超市的王阿姨通过调查数据发现，虽然买酱油的人最多，但真正拉高人均消费的是那些顺手拿的进口零食。于是她把零食区移到酱油旁边，还配上“最佳搭配”的提示牌，效果出奇地好。

2. 具体操作方法

营业额 ÷ 客人数量＝平均客单价：比如今天营业额是 6000 元，客人消费 200 人次，那么平均客单价就是 30 元，这是对营业额和客数都比较高的餐饮商户的计算。如果是做早午市的小型门店，则可清点收款盒或钱柜里面的钞票、微信转账，并且除以早餐数量，因有打折优惠等，要以实际收到的金额来计算。

还可以配合不同需求进行统计：

（1）对比不同时段

写字楼下的快餐店发现，午餐时段人均 28 元，但晚餐只有

18 元。调查发现是因为晚上多是一个人来吃，中午经常是同事一起点餐。于是晚上推出了“一人食套餐”，把人均消费稳定在了 22 元。

（2）留意异常波动

水果店老板老周养成习惯，每天收摊前都要算人均消费。有次突然发现人均消费从 35 元降到 25 元，检查后发现是新来的店员总是少算钱，及时止损。

（3）季节调整参考

卖冷饮的小夫妻发现，夏天人均消费 8 元，春秋天只有 5 元。他们就在淡季推出“加 1 元多加一个冰激凌球”的活动，既保住了客流量，又稳住了收入。

3. 常见问题解答

（1）遇到团购客户怎么算

建议分开计算。比如一个公司订了 20 份盒饭，应该记作 1 次交易，但人数算 20 人。

（2）顾客退货怎么办

如果是退货的就直接减去该笔退货的金额同时减去退货人数，例如买了 1000 元卖了 10 个人，一个退回了 50 元，就用 950 ÷ 9 的人数计算即可。

（3）记账很麻烦怎么办

可以准备两个存钱罐，一个放整钱，一个放零钱，晚上数起来更方便。现在很多收银软件都能自动计算，智能手机下载个记账 APP 也能轻松计算。

（4）如何养成好的统计习惯

刚开始统计这些关键数据可能会觉得麻烦，建议在收银台贴张“今日人均消费”表格，每天关店前花 5 分钟计算，每周做一次小结观察变化趋势，连续记录 1 个月后，就能发现很多经营规律。

其实统计的数字不需要很精确，关键是养成观察的习惯。就像我们不会天天称体重，但定期称一称总能及时发现变化。这三个数据就像汽车的仪表盘：账户余额是油量表，告诉你还能跑多远；新增客户是速度表，告诉你发展有多快；客单价是发动机温度，告诉你运营是否健康。

第二节　降低成本不降质量的妙招

想要无痛降低成本额，可以从采购、生产、人员、日常管理四个维度入手。

一、从采购环节省钱的实际操作

采购不是简单的买东西，其实这里面藏着大学问。不少企业在采购环节稍作优化，每年能省下几十万元。

1. 集中采购的威力

杭州奶茶店老板老张开了 5 家店。起初奶茶材料每一杯的原料都单独采购；他后来发现，同样是 25 千克一箱的珍珠粉圆，A 店卖 380 元，B 店卖 420 元。2023 年 6 月，他开始尝试集中采购：先统计出自己 5 家店每个月一共要用 200 箱珍珠粉圆，然后直接找到厂家谈价。因为量大，工厂同意降价到 320 元一箱，还免费送货到各个门店。算下来，每个月光这项成本就省下 1.2 万元。

2. 供应商也要绩效考核

王阿姨经营 10 家包子铺，过去采购猪肉只看价格。有次贪便宜买了劣质肉，导致顾客腹泻，赔了 8 万元医药费。现在她给供应商打分：价格占 50 分，质量占 30 分，送货准时度占 20 分。每月评分前三名的供应商，下个月能获得 70% 的订单。实施半年后，猪肉成本降低，而顾客投诉几乎为零。她用的评分表很简单：价格是否市场最低（25 分），肉质检测是否合格（30 分），是否准时在早上 5 点前送到（20 分），出现问题是否及时处理（25 分）。

3. 替代材料要会找

深圳的李总做手机壳生产，原来一直用每吨 6 万元的进口胶水。他有一次看见工人用国产胶水把办公室的椅子粘上了，突然想到："为什么不可以用国产胶水粘手机壳？"于是李总让技术员做了 20 次测试。测试后，他发现用国产胶水粘的时候虽然胶水初粘稍微弱一点，不过用 80℃高温烘烤一下，再冷却 10 分钟，最后的结果就跟进口胶水差不多。现在每年可以节省 192 万元。关键还是要像李总这样敢于试验、摸索，他分别测试了 6 个品种的国产胶水，最后才找到最合适的替代品。

二、生产过程中的省钱诀窍

在生产过程中节省成本，绝不是偷工减料，而是要通过优化流程、提高效率来实现。

1. 重新规划车间布局

某机械加工厂曾经遇到生产效率低下的问题。老板发现工人们每天要花大量时间在不同设备之间搬运零件。经过观察，他们重新设计了车间：把切割机放在最前面，然后是打磨区，最后是组装区，形成一条直线。这样改造后，零件不用来回搬运，生产效率提高了不少，还省下了两个搬运工的工资。关键是要画出车间平面图，用不同颜色标出物料流动路线，找出可以缩短的搬运距离。

2. 废料变废为宝

某家具厂每天都会产生大量木材边角料。以前这些废料都是花钱请人处理，后来厂长想了个办法：大块的边角料可以做成小板凳，碎木料可以压制成复合板材，连木屑都卖给附近的蘑菇种植户。他们还专门雇了两个人来做分拣，3个月内，每月不但省去3万元的废料处理费，还多了1.5万元的收入。重要的是要对废料进行分类，找到合适的再利用方式。

3. 节能降耗有妙招

某印刷厂的电费一直很高，他们在每台机器上都装了独立电表，结果发现老式空压机最耗电。厂里做了三件事：第一，规定下班后必须拔掉所有设备电源；第二，更换新型节能空压机；第三，组织员工培训，教会大家正确使用设备。实施后电费从每月15万降到9万，新设备8个月就收回了成本。这个方法的关键是要先找到耗电大户，然后有针对性地改进。

4. 设备保养要重视

一家食品厂的机器经常出故障，维修费很高。后来他们制定了详细的保养计划：每月1号检查电路，每周五给机械上润滑油，每天下班前清洁机器。工人们轮流负责检查，厂长亲自抽查。半年后，设备故障率下降，维修费每年少花了50多万。这个例子告诉我们，预防性维护比事后维修更省钱。

三、人员优化的合理方式

在控制成本的过程中，人员开支往往是最大的一块。但减员不是唯一选择，聪明的企业会通过更灵活的用工方式、更高效的培训方法和更科学的排班制度来实现降本增效。

1. 灵活用工的钟点工模式

上海全家便利店发现每天 7 点到 9 点和 17 点到 19 点是客流高峰期，其他时间店员经常闲着。后来他们改变了用工方式：保留 3 名全职员工负责日常运营，另外在高峰时段雇用 4 名大学生兼职。这些学生每天工作 4 小时，时薪 25 元。这样既保证了服务质量，每月还能节省 2 万元人力成本。

2. 简单实用的员工培训

某快递站点有个好办法。新员工经常记不住各个小区的配送顺序，导致效率低下。站长把辖区内 30 个小区按配送路线编号，制作成彩色路线图贴在墙上。每个编号对应一个顺口溜，比如“1 号紫金后，2 号凤凰走”。还设立“今日之星”榜单，一天中配送货量最多者可以获得 50 元现金奖励。3 个月后，平均每人每天能多送 20 个包裹。

3. 跟着客流走的排班法

某酒店前台排班很有讲究。店长统计了过去两年的入住数据，发现周四到周日入住率是平时的 1.5 倍。这个酒店现在这样排班：周一到周三安排 2 人，周四到周日安排 4 人。淡季时让员工轮休积累调休天数，等到国庆、春节等旺季时使用。既避免了人手不足，又不会造成人力浪费，人力成本下降了，客户满意度反而提高了。

4. 一专多能的岗位设计

一家小型超市要求所有员工都要会收银、理货、验货 3 个岗位的工作。每天根据客流情况灵活调整，闲时只留 1 人收银，其他人去理货；忙时就开 3 个收银台。员工每月多拿 300 元技能补贴，超市则省下了专门雇人的费用。这种安排需要做好交叉培训，建议每周抽出 2 小时进行岗位轮换练习。

5. 用好退休老师傅的经验

某机械厂返聘了2位退休老师傅，不用他们干体力活，主要做带徒弟、查质量、提建议这些工作。每月支付3000元顾问费，比雇用全职工程师便宜得多。老师傅们积累了40年的经验，能一眼看出产品问题，帮助厂里减少了很多废品损失。这种“银发人才”的利用方式特别适合传统制造业。

四、日常管理的省钱细节

不要忽视日常办公中的成本漏洞，其实这些看似不起眼的小钱，积累起来就是一笔可观的数目。不需要大投入，关键是养成好习惯。就像家里节水节电一样，企业的日常开支也能积少成多。

1. 办公节约的实用技巧

有一家200人的科技公司，过去每月要消耗50箱A4纸。他们做了这些改变：首先，把所有审批流程搬到企业微信，需要签字时用电子签名；其次，会议室改用电子白板代替纸质会议记录；最后，把打印机默认设置改成双面打印。实施半年后，纸张用量降到每月8箱，仅这一项每年就节省2.8万元。他们还因为环保措施获得了政府补贴。

2. 差旅费控制的黄金法则

某销售团队有30名业务员，以前差旅费总是超标。后来制定了三条铁规：第一，去目的地高铁超过4小时才能申请坐飞机；第二，把城市分成三级，比如北京、上海算一级城市，住宿标准500元，省会城市400元，其他城市300元；第三，市内出行必须使用拼车软件。最关键的是实行节约奖励政策，省下差旅费的50%奖励给员工。其中有个业务员去广州出差，通过合理规划省了1200元，自己拿到600元奖金。整个团队差旅费同比下降

35%。

3. 设备维护的预防性投入

某食品加工厂曾经每个月都要花 2 万多元修机器。后来厂长做了个设备保养日历：每月 1 日电工全面检查线路，每周五给所有机器上润滑油，每天下班前工人必须把机器擦干净。他们还把容易坏的零件提前买好备着，虽然多花了 3000 元库存，但避免了停机损失。现在机器故障少多了，维修费省了 52 万元，相当于多赚了 52 万元利润。

4. 水电管理的智能改造

苏州某服装厂在车间装了智能电表，发现熨烫车间最耗电。他们做了 3 件事：一是把老式熨斗换成自动断电的新型熨斗；二是调整上班时间，错开用电高峰；三是在卫生间安装感应水龙头。改造后，电费从每月 8 万元降到 5 万元，水费省了 40%，一年省下来的钱够给全厂员工多发半个月奖金。

五、绝对不能省的钱

1. 产品质量的钱不能省

2018 年某知名奶粉企业为了节省成本，减少了原奶检测环节，导致这一批次的产品出现质量问题。出事后，不仅需要全部召回产品并进行相应的赔付，最致命的是消费者对该企业丧失了信任，最终造成的损失达到了 3 亿多元，是原本想省下的成本的 1000 倍。质量对于企业来说是至关重要的，从进货原材料开始，就要认真把好质量关，出厂前也要严格检测质量。宁可少赚点利润，也不能在质量上打折扣。

2. 员工福利的钱不能省

某互联网公司曾经取消年度体检、下午茶等福利，结果半年内核心技术团队走了三分之一。新招的员工需要培训，项目进度严重滞后。后来老板算了一笔账：重新招聘和培训的费用，比省下的福利开支多花了 200 多万元。员工是企业的根基，合理的薪资、必要的培训、基本的福利保障，这些钱省不得。好的工作环境能激发员工创造力，最终回报会远大于投入。

3. 安全保障的钱不能省

某建筑工地为了省 5 万元的安全网费用发生了工人坠落事故。不仅要支付 130 万元赔偿，项目还被勒令停工 3 个月。算上工程违约金，总共损失超过 500 万元。安全投入就是买保险，平时买保险觉得是在浪费，出了事才知道不是花冤枉钱。利于保障生产安全、消防安全和数据安全的钱，不能随便节省。

有些钱表面上是在支出，实际上是在为企业保驾护航。创业者要算大账、算长远账，在这些关键环节上的投入，最终都会转化为企业的竞争力和生命力。省该省的钱，花该花的钱，这才是真正的经营智慧。

第三节　应对突发危机的应急预案

没有预案是最大的创业风险，创业者必须建立防火墙思维。通过预警信号识别、分级响应机制、资源调配方案等，将被动救火变为主动防御。

一、先做好这三项基础准备

1. 建立紧急联系人名单

很多创业者手机里存着几百个联系人，真遇到事却找不到关键人。你要做的很简单：今天下班前，找出这几类人的联系方式，单独存为“应急通讯录”：

（1）最重要的几个供应商。比如原材料厂家、包装公司。

（2）最大的两个客户采购负责人电话。

（3）长期合作的法律顾问和会计。

（4）辖区工商和消防的对接人。

（5）物业或房东的紧急联络方式。

（6）核心员工家属电话，方便突发情况时联系。

杭州四季青服装市场的林老板就吃过亏。有一年夏天，仓库半夜漏水，他翻遍微信都找不到物业值班电话，等第二天联系上人，价值 20 多万元的丝绸面料已经全泡坏了。现在他把关键联系人打印出来塑封好，办公室、家里、车上各贴一份，后来在台风导致水管爆裂时，一个电话就喊来了物业抢修。

2. 预留救命钱

餐饮店老板王姐算过一笔账：她每月固定支出 8 万元，包括房租 3 万元和工资 5 万元。她在银行开了个专用账户，每月往里面存 2 万元。因为新冠病毒禁止堂食时，这个 24 万元的“救命账户”让她能继续发工资、做外卖包装改造，撑到解封时，竞争对手已经倒闭了三家。

具体操作时，需要计算你公司每月必须支出的金额（房租、工资、水电），按 3 个月总量准备，可分 6~12 个月存够。需要注意的是，这笔钱单独存银行卡，不和日常账户混用，要告诉财务：“这笔钱只有要关门了才能动。”

3. 关键数据备份

郑州暴雨时无数店铺的电脑进水，客户资料全没了。其实备份很简单：

（1）每日备份：用微信文件传输助手，发“当日订单表＋收款记录”给自己。

（2）每周备份：U 盘拷贝客户名单、供应商合同、员工档案。

（3）每月备份：把整个财务文件夹上传到百度网盘。

水果店张老板做得更细致。他除了电子备份，还用了最原始的方法：记账本。张老板每天都把账本照片发到家庭群，重要合同复印两份，分别放家里和店里。有次门店遭贼，电脑被偷了，但生意一天没停，就是靠这些备份快速恢复了经营。

二、最常见的 5 种危机应对法

1. 突然没现金了

当发现账户里的钱撑不过 3 个月时，要立即执行“止血—输血—造血”三步法。第一步，砍掉所有非必要开支，比如 2023 年苏州的刘老板发现现金流紧张后，马上停用了办公室桶装水，改让员工自己带水杯，每月省下 800 元。第二步，要和供应商重新谈判，温州做服装加工的李总有个经典话术：“王厂长，这批面料晚两周付款，下个月我多下 30% 的订单”，用未来利益换当下缓冲期。第三步，快速变现库存，杭州某文具店积压了 3000 本笔记本，老板把它们和中性笔组合成“学霸套装”，在学校门口摆摊，两天回款 2 万元。记住：不要急着借钱，先把能变成钱的东西用起来。

2. 核心员工要离职

面对技术骨干或销售冠军要走的情况，先准备“留人三件套”。去年深圳某电商公司的运营主管要跳槽，老板这样做：首先单独约谈，“张哥，你带的徒弟小刘还没出师，再帮我两个月，这期间工资加 30%”；然后用项目分红留住人，“双十一活动你负责的板块，超额部分拿 15% 提成”；最后悄悄安排人事开始招聘。平时就要做好预防，如果条件允许，让技术主管每周必须带新人做两个小项目，销售经理每月要分享客户跟进表。北京某餐厅甚至规定：厨师长收徒才能领季度奖。

3. 客户集体投诉

遇到产品问题引发群诉时，速度比完美解决方案更重要。先打速决战，而非追求完美解决方案。2024 年佛山某玩具厂接到 20 名家长的玩具掉漆投诉，该玩具厂用 3 小时完成了 4 件事：第一步，建立“问题反馈群”把 20 名投诉家长请进来；第二步，在“问题反馈群”群发红包并公告“所有购买记录已核实，现在办理全额退款”；第三步，连夜拍摄了改进的生产流程视频发在群里；第四步，3 天后私信家长“免费寄送新版玩具，不用退还旧的玩具”。结果许多家长在朋友圈晒图表扬，坏事变好事。关键是要让客户感受到被重视，而不是纠结谁对谁错。

4. 供货断了

供应链出问题时，要学会“三条腿走路”。上海某甜品店遇到奶油断供，老板同时做三手准备：首先，联系备用供应商（平时就要在 1688 收藏 5 家同类供应商）；之后，调整产品，把需要奶油的蛋糕改为木糠杯等不需奶油的产品；最后，在店门口贴告示：“因原料升级暂停部分产品，赠送代金券表歉意。”特别是食品原料，可以学习火锅店的做法：提前冻好一周用量的底料，冰柜温度调至 –18℃以下并每天检查。

5. 被恶意差评

处理网络差评要快、准、狠。快是指 1 小时内回应，准是要找准问题点，狠是要用事实反击。南京某民宿遇到同行恶意差评“房间有蟑螂”，老板这样做：首先，马上用手机直播全屋消杀过程；然后，找出该差评账号给周边 5 家民宿都打一星的证据截图；最后，发动真实住客晒入住视频。最后平台删除了差评，还获得了流量扶持。切记不要和差评者争吵，要用事实让围观群众看清真相。

此外，还有几条众多创业者总结的血泪教学：工商局来检查时，一定立即记下执法人员姓名和电话，全程录音；遇到恶意举报需要马上在朋友圈发声明，别等谣言扩散；电脑中毒时，应该第一时间拔网线，别尝试自己修复。

三、危机过后一定要做 3 件事

1. 开诚布公的复盘会

别等大家忘记就开这个会。准备大白板和便利贴，让每个人写下“当时哪里没做好”和“下次可以怎么做”。重点在于找解决办法，而不是追查责任。2023 年有个做外卖的创业团队因为配送延误引发大量投诉后，他们发现真正问题出在接单系统没有预警功能。后来在前台电脑贴了手写提示条：“超过 20 单就打电话确认”，简单办法解决了大问题。

2. 立即升级应急预案

趁记忆清晰时修改你的应急手册。比如经历过原料涨价危机后，某面包店老板在手册上加了一条：“当面粉月涨幅超 15% 时，立即推出土豆面包替代。”后来真的用上了这条。需要注意的是，要写具体动作，别只写“加强管理”这种空话。

3. 给团队实实在在的感谢

哪怕公司再困难，也要表达心意。北京有家小型广告公司遭遇客户跑单，全员连续加班补救后，老板用仅剩的 800 元买了烧烤食材，在办公室支起烤架和大家边吃边总结。这个举动让团队凝聚力不降反升，后来半年没人离职。如果没钱请客，手写感谢卡也很管用。

第四节　法律风险防范指南

创业路上，法律风险稍有不慎便可能让心血付诸东流。本节将告诉创业者如何用法律保护的要点编织铠甲，让企业成长免除后顾之忧。

一、合同怎么签才安全

1. 必须白纸黑字写清楚的细节

无论做甲方还是乙方，有 5 个细节在签合同时一定要注意：价格、工期、付款方式、违约条款、争议解决方式。

老王开餐馆时找了个装修队，口头说好全包价 15 万元。结果干到一半，装修队要加收电线改造费 2 万元，老王不给钱，对方就停工。最后耽误开业，损失至少有 10 万元。如果当时合同写明这些就不会吃亏：

（1）价格：要写含税总价，比如“总计 15 万元（含增值税）”。

（2）工期：不仅要规定工期，逾期处理方式也要写清楚，比如“× 年 × 月 × 日到 × 月 × 日，超期每天罚 500 元”。

（3）付款方式：“签合同付 30%，验收合格付 65%，留 5% 质保金一年后付。”

（4）违约条款：“如果材料不符合约定，必须三天内更换，否则按总价 20% 赔偿。”

（5）争议解决方式：“出现纠纷先协商，协商不成去 ×× 区法院起诉。”

2. 免费又好用的工具

（1）政府模板：在“国家市场监督管理总局”官网下载合同范本，把重要条款复制过来。

（2）电子合同：用“腾讯电子签”小程序，能自动提醒合同到期时间。

（3）录音备份：重要通话用手机录音（提前告知对方），存到网盘备份。

3. 花小钱省大钱的办法

找本地律师事务所做合同审查，普通合同 500~800 元，重要合同 1500~2000 元。比事后打官司便宜 10 倍。

4. 签合同时要特别注意的 3 个动作

（1）当面签：千万别图方便让快递来回寄合同。

（2）按手印：在签名处同时按红色指印，比单纯签字更有法律效力。

（3）留底稿：至少保存两份原件，锁在保险柜和扫描存电脑。

5. 遇到对方违约怎么办

去年有个餐厅老板遇到供应商不按时送货的情况，做法非常值得借鉴：

第一时间发微信联系供应商，明确说：“按合同今天该送 10 箱龙虾，请今天下午 5 点前送到”；然后保存所有聊天记录和通话录音；之后找备选供应商并保留差价票据；事后凭证据索赔，最终要回 1.2 万元损失。

二、员工管理避坑大全

1. 再简单的岗位也别放过入职细节

有家奶茶店招了个店长，干了半个月突然消失，还带走了会员资料。后来才发现对方用的身份证是假的。现在我们来拆解正确做法：

（1）证件核验

让新人拿着身份证原件，用“国家政务服务平台”微信小程序扫身份证背面二维码，能显示真伪。需特别注意的是，厨师、财务等关键岗位，还要查健康证、职业资格证。

（2）合同当天签

别信“过几天再签”这种话。直接用人社局官网的《劳动合同范本》，重点填好三处：第一，工资写清楚，如“基本工资＋提成”的具体数字；第二，工作时间写明白，如“做六休一，早九晚六”；如果双方签了一年的劳动合同，试用期最长不能超过两个月。打印两份，让员工按手印。

（3）社保同步办

现在手机上就能操作，非常方便：支付宝搜“电子社保卡”，点“企业社保登记”，按提示上传营业执照和员工身份证照片。

2. 日常管理留证据

某位老板吃过这样的亏：辞退经常迟到的员工，对方咬定没迟到记录，最后赔了 3 个月工资。因此日常管理保留证据是非常必要的。

（1）考勤必须数字化

哪怕是小店，也要打卡。可以设置两个规则：一是迟到超 30

分钟算旷工半天；二是每月迟到 3 次扣 100 元。这些要写在员工手册里，关键是把考勤报表每月导出来让员工签字确认。

（2）处罚要有书面记录

员工犯错时，别口头骂两句就完事。准备《过失登记本》，写明时间、人物、过失事件、处理方法。如“某年某月某日，某人未戴安全帽进入仓库，已口头警告”，让他签字。累积 3 次书面警告才能开除。

（3）工资条不能少

用微信小程序“工资条生成器”，每月发工资时自动生成带明细的电子工资条。这样做有一个好处：如果员工后来谎称没发加班费，你能拿出他签收过的记录。

3. 安全“分手”四步法

（1）提前收集证据

如果是因表现不好开除，要有连续 3 个月的记录，公司可以给要被辞退的员工出具《绩效考核表》，并让员工自己打分签字；如果是裁员，要有公司经营困难的证明，比如近半年银行流水。

（2）给足补偿金

记住公式：每干满一年给一个月工资。如果突然辞退，要再加一个月的工资。会计算出金额后，让员工签《解除劳动合同协议书》，里面一定要注明“双方再无其他争议”。

（3）办好离职手续

①收回工牌、钥匙；

②工作群踢出前先备份聊天记录；

③让员工签《保密协议》。

（4）社保及时停

离职当天就在电子社保卡上操作停保。有个坑要注意：15 日之后离职的，当月社保通常还得交。

三、保护自家招牌的秘诀

1. 开店前就要打好地基

很多老板生意做起来了才发现招牌被人抢注。2024年有家“李叔包子铺”开了8年，因为没注册商标，被外地人抢注后反而被告侵权。其实预防这种事特别简单：首先登录“中国商标网”，在“商标查询”里边把你想用的店铺名字输进去，如“张姐麻辣烫”，看看有没有别人注册过，假如没找到，立刻花费300元注册申请。最好把名字的拼音也申请上，如“Zhangjie Malatang”，防止被人钻空子。记得还要把你的logo图案也一起申请了，像蜜雪冰城的那个小雪人图标一样，让别人连近似的图案也不能用。

2. 生意火了更要加强防护

当你的店开始有人模仿时，要做3件事：

（1）把同类名字都注册掉。比如你是做火锅的，就把“××烧烤”“××快餐”也注册了，就像海底捞注册了“海底捡”“海底下”一样。

（2）所有线上平台认证蓝V，抖音、微信公众号、美团店铺的账号名称都要和商标一致。

（3）定期在美团、饿了么等外卖平台上搜索自己的店名，看看有没有山寨店。深圳有家奶茶店就吃过亏，别人在隔壁街开了家名字只差一个字的店，就抢走了三成顾客。

3. 遇到侵权这样反击

如果发现有人冒用你的招牌，先别急着找律师。首先要用手机拍下对方门店招牌（要拍到门牌号），在美团/大众点评截图保存；之后拨打12315市场监管投诉热线说明情况，一般他们会让你加微信发证据，通常两周内就会有人上门查处。苏州曾有家冒牌“一点点”奶茶店就是这么被勒令拆招牌的。如果是在网上被侵权，比如拼多多有人卖山寨你的产品，直接在该商品页面以“假冒品牌”为理由举报，平台会迅速处理。

4. 花小钱办大事的窍门

请代理机构注册商标要花 1500~2000 元，其实可以自己办：在商标网注册账号后，点“商标申请”，按提示上传营业执照和商标图样即可，只要 300 元。怕麻烦的话，淘宝搜“商标注册代办”，有很多 500 元代办服务。另外记得每 3 年续费一次，“庆丰包子铺”就曾因忘记续费差点失去商标权。

四、合伙做生意要注意的 5 个死穴

1. 口头约定

两个人合伙开店经常出现这样的问题：口头说好五五分成，一人管门店，另一人管原料采购，管采购的人偷偷加价吃回扣，因为没书面约定，最后只能拆伙。

针对这种问题，有 3 件事必须做：

（1）去工商局注册时就要写清楚股权比例，哪怕亲兄弟也要写。

（2）合伙协议里加一条：“任何超过 5000 元的支出必须双方签字。”

（3）每月 10 日一起对账，可用“随手记”APP 共享账本。

2. 分工不清互相扯皮

深圳有 3 个程序员合伙做软件，一个写代码、一个管客户、一个负责财务，结果管财务的半年没记过账，公司钱花完了都不知道，令人哭笑不得。

可以参考以下解决方案：

（1）在营业执照上明确合伙人的职责。如“张三任执行董事，李四任监事”。

（2）用钉钉 APP 设置审批流程。如报销超过 2000 元需全员同意，合同盖章前自动抄送所有合伙人等。

（3）每周一下午开例会，参会者必须带着上周工作记录。

3. 有人不出力还分钱

北京某美容院有两名合伙人，一人天天在店里干活，另一人只出钱不管事，年底分红时矛盾爆发。

如有这种情况，关键条款应这样写：

（1）明确职责和基本工资。如“甲负责日常经营，每月领取基本工资 6000 元”。

（2）写清楚分红依据。如“年终利润先扣除经营者的额外奖励（建议 10%~20%），剩余部分按股份分”。

（3）如果担心合伙人不履行职责，可以注明“连续 3 个月不参与工作者，其他合伙人有权低价回购其股份”。

4. 亲戚当法人最危险

张老板让堂弟当公司法定代表人，结果堂弟偷偷贷款 100 万元跑路，银行来找张老板要债。

避坑方法：

（1）法人必须由实际控制人担任。

（2）需要挂名时，签《法人代表委托协议》。

（3）去公证处做“法人章保管公证”，费用约 400 元。

（4）用“天眼查”APP 设置公司监控，随时查看有没有被冒名贷款。

5. 散伙时人财两空

某火锅店合伙营业 3 年后，有人想退出，其他合伙人既不想买股份又不让转让给外人，最后打官司把店搞黄了。

这种情况，需要提前进行书面约定：

“退伙需提前 3 个月书面申请”；

“股份优先按上年度净利润的 3 倍卖给其他合伙人”；

“达不成一致时，委托 ×× 会计师事务所评估折价”。

五、突发法律纠纷应急方案

1. 接到法院传票怎么办

（1）马上在“中国裁判文书网”查类似案例。

（2）找律师前先准备合同、转账记录、聊天截图。

2. 被恶意投诉怎么反击

（1）到“信用中国”网站申请删除不实记录。

（2）用“权利卫士”APP 录屏取证。

3. 免费法律援助途径

（1）拨打 12348 法律热线。

（2）去大学法学院找法律诊所，学生可免费帮忙写诉状。

第六章　团队建设宝典

第一节　初创团队搭建的“三三制”

“三三制”是专门为初创企业设计的团队搭建方法，具体来说，就是每个重要岗位都要有 3 个准备：

（1）三层人员结构（决策 / 骨干 / 执行）。

（2）三人协作小组。

（3）三项能力备份。

它能解决创业者最常见的 3 个难题：第一是招错人，第二是留不住人，第三是没人能顶替。记住：好团队不是凑出来的，而是设计出来的。

一、“三三制”的运作机制

1. 三层人员结构的实际应用

这个方法要求创业者检查团队结构，将团队分成 3 个层次：决策层管方向，骨干层管执行，执行层做具体工作。比如做电商的李姐，她自己负责选品（决策），请了个运营主管管店铺（骨干），再招 3 个客服轮班（执行）。最关键的是，每个层级都要有备份，就像李姐的店铺，运营主管休假时，客服组长能临时顶上来，不会影响生意。

2. 简单易行的操作步骤

实施“三三制”只需要做 3 件事：第一，把现有员工按能力分成三层；第二，给每个关键岗位培养至少一个替补；第三，每周抽 2 小时做交叉培训。以开装修公司为例，可以通过培训让每名工人都会两三种技能，瓦工能贴砖也会刷墙，再也不怕有人请假了。

二、三层人员结构怎么做

1. 决策层：必须有的 3 个角色

（1）拍板人

拍板人负责最终决定，比如 CEO。王老板开装修公司，自己既管设计又管施工，结果每天忙到凌晨效率也不高。后来让合伙人老陈专门负责工地，效率得到提升。

（2）执行人

执行人负责落地实施，比如 COO。在这个位置的人关键是要特别熟悉业务流程。刘小姐开美容院时，高薪请来的店长连基础护理流程都不懂，后来将店长换成从技师提拔的小林，业绩立刻好转。

（3）后勤人

后勤人负责支持工作，比如财务、人事。很多创业者会忽视后勤，某公司前半年没有专职财务，因报税出错被罚款 8 万元，实在得不偿失。

2. 骨干层：3 个核心岗位

（1）技术负责人

技术负责人不一定要技术最高超的人，但要懂技术逻辑。某 APP 创业，花 5 万元月薪请来技术大牛，结果对方写的代码没人能看懂。后来改为聘用3个月薪2万元的中级工程师协作，开发反而更快。

（2）业务负责人

业务负责人必须自己跑过客户。比如做农产品电商，市场总监如果从没下过农田，策划的促销活动肯定是不会符合农民需求的。

（3）运营负责人

运营负责人要会算账，每天记录客单价、转化率、退货率等关键数据，协助公司及时调整计划。

3. 执行层：三人小组制

每个小组这样配置：

1个熟手：负责主要工作；

1个帮手：协助并学习；

1个新人：培养后备力量。

比如开咖啡店时，每个班次安排一名有经验的咖啡师带两名新员工，既能保证出品质量，又能培养新人。

三、三人协作小组运作的具体方法

1. 招聘时要留意这些人

（1）有经验的：直接上手工作。

（2）可培养的：学习能力强，半年内能成长。可让新人跟着老员工学习，每周考核一次。

（3）有特殊技能的：解决特定问题。比如某机械厂专门招了个会德语的技术员，最终成功拿下了德国订单。

2. 重要岗位必须有备份

（1）教每个人至少带1个徒弟，每月安排“带教日”，老员工手把手教学。

（2）关键资料多人保管。举个最简单的例子，如果一个公司只有会计知道银行密码，会计请假就导致不能及时付款，很不方便。

3. 防范重要员工离职

（1）每周和核心员工吃次饭谈次心，培养感情。

（2）让员工参与决策，让员工在公司找到成就感。最简单的做法是开会时让每个人提建议，如果建议被采纳了就发奖金。

（3）定期培训新技能，让员工感受到老板是切实为自己好。

四、三项能力备份的实操步骤

1. 技术备份

至少3人掌握核心技能，防止有人请假，人手不足。

2. 客户备份

重要客户需3人跟进。销售、技术、老板都要定期拜访客户。

3. 资金备份

发工资的钱分存3个账户，可分别命名为日常账户、应急账户、投资账户。

五、常见问题解答

1. 刚开始创业没钱请这么多人怎么办

可以身兼多职，但必须明确3个角色的分工。比如自己做决策＋执行，让家人帮忙管账。

2. 员工不愿意带徒弟怎么办

可以设立带教奖金，每带出一名合格的徒弟奖励500元。

第二节　不用高薪留住核心员工的方法

波士顿咨询集团研究显示，核心员工离职的4个主要原因中，薪酬因素占28%，位居第二；成长空间占比最多，占35%；价值认同和工作自主权分别占25%和12%。可见，留住核心员工不一定只能依靠高薪。

一、破解留人困局：薪酬之外的驱动力

1. 成长性投资

一家母婴电商公司为员工开设了“成长账户”：每年提供固定学习额度，员工可自由选择考证、培训或买书。例如，技术员小王用这笔钱考取了设计证书，随后带领团队开发出AR试穿功能，让退货率降低了。

操作方法：年初和员工一起订立学习计划，为员工提供线上课、书籍等学习资源，员工学完后给他们实际项目练手。这种方式不仅成本低，还能让员工感受到持续进步的价值。

2. 决策参与权

深圳一家硬件公司每月举办“产品听证会”，让普通工程师直接向投资人讲解方案。例如，结构工程师老张的散热方案被采纳后，产品上印了他的名字。

操作方法：在关键项目里增设员工投票权、建立建议反馈表（每条建议必须3天内回复）、重大决策公示采纳理由。这种参与感让员工觉得自己的声音被重视，比多发工资更有成就感。

3. 情感账户体系

杭州某客服公司推出“应急亲情包”：员工家属生病时，公司提供医生上门、医院绿色通道、无息借款等服务。一位中层管理人员因母亲住院享受该服务后，拒绝了竞争对手的高薪挖角。

操作要点：覆盖员工家庭三大刚需（老人、孩子、配偶）、申请流程保密（避免伤自尊）、成本分摊（与合作机构互换资源）。这种“雪中送炭”的关怀，远比节日发福利更打动人。

4. 价值可视化

北京某餐饮店店长每天打开手机就能看到自己门店的好评弹幕、菜品销量排行、省下的成本换算成多少份免费午餐。区域经理发现自己的管理让贫困学生每周多吃200顿饭，立刻放弃了跳槽的念头。

操作方法：用免费工具做数据看板（如钉钉、企业微信）、每月开“成果故事会”（让员工轮流讲工作影响）。这种即时反馈增加了普通员工对这份工作的使命感。

二、6种低成本留人法

创业者需要明确：员工要的不仅是钱，更是被看见、被尊重、有发展。

1. 设计双通道晋升体系

某生物科技公司实验室主任面临职业瓶颈时，公司为他量身定制了两条路：要么深耕技术成为“首席科学家”，享受副总裁级待遇；要么转型做管理带团队。他最终选择技术路线，带领团队拿下三项专利。操作时只需列出每个岗位对应的技能要求和资源支持，为核心员工制定《成长路线图》即可。

2. 弹性激励组合包

有个内容团队开发了积分系统：完成重要项目能兑换带薪假、获得专业培训甚至最新电子产品。他们设计的《激励菜单》包含12种选项，员工可像点菜一样自选组合。有位设计师用积分换了摄影课程，后来为公司节省了外包拍摄成本。

3. 虚拟股权计划

深圳某硬件公司把30%利润设为分红池，核心员工按贡献值兑换。技术总监用两年积累的分红权，最终兑换到相当于半年工资的收益。操作时要注意用《虚拟股权协议》明确规则，避免法律纠纷。

法律要点：通过《虚拟股权协议》明确权利义务，避免工商变更风险。

4. 社交资本增值

杭州电商公司安排运营主管陈姐在行业峰会演讲，会后她收到猎头电话时笑着说："公司给我的舞台比薪资更重要。"定期为骨干员工争取媒体曝光、评奖机会，成本几乎为零，但效果惊人。

5. 让工作看得见价值

某环保设备公司定期组织研发人员去垃圾站，当他们看到自己设计的机器每天处理200吨垃圾时，离职念头会自然消散。简单制作《价值传递卡》，记录每个岗位创造的终端影响。

6. 设置离职缓冲期

北京某软件公司对提出辞职的技术骨干实行3个月冷静期，其间可尝试新项目或转岗。结果60%的人选择留下，人事总监说："很多离职只是一时冲动。"准备一份《挽留评估表》（见表

6–1），系统分析离职真实原因即可实施。

表 6–1　挽留评估表

常见问题	解决方案	成本	见效时间
工资低	调薪 5%~10%/季度奖金承诺	高	1 个月
工作无趣	让他带新项目 /每周 1 天自由创新	低	2 周
与领导不和	换直属上级 /第三方调解	中	1 个月
家庭原因	灵活上班 / 远程办公 / 家政补贴	低	即时
职业倦怠	外派学习 /给管理培训生名额	高	3 个月

三、典型误区与破解之道

1. 空谈感情不谈实际

某连锁奶茶品牌老板每天给员工发励志短信，但 3 年间店长离职率仍高达 60%。后来发现，90 后员工更在意能否学到新品研发技能。

改进方案：

（1）每周三设为“技能交换日”，吧台能手教店长设计特调配方。

（2）把公司年度目标的 10% 拆解为员工个人挑战任务。

（3）每月评选“技术传播大使”，奖励培训资源而非现金。

2. 用同一套方法对待所有人

某科技公司曾给程序员和销售员统一发放读书卡作为奖励，结果出现技术骨干私下转卖卡片的情况。调研发现：程序员渴望技术认证支持，销售员更需要客户资源对接。

破解方法：

（1）定制“激励套餐”，如为技术岗提供 AI 领域顶级认证报考资助。

（2）为销售岗每月分配 3 个精准客户资源包；为运营岗开放参加行业闭门会的名额。

（3）每季度根据业务重点更新激励选项，淘汰使用率低于 20% 的项目。

3. 承诺总是“下次再说”

创业公司 CEO 张总常对员工说“等项目融资成功就……”，结果团队在 B 轮融资前集体跳槽。

他在吸取教训后这样做：

（1）制定“阶梯式兑现”规则。如用户量超过 10 万时立即兑现 1 项承诺。

（2）使用“承诺追踪看板”：所有承诺标注预计兑现时间和当前进度。

（3）每季度必须完成 3 件“马上能做的事”：比如调整工位格局、增加下午茶品类等。

行动要点：

（1）周一晨会收集员工近期最想要的小改进（200 元内可解决）。

（2）周四前落实其中三项并拍照公示 。

（3）每月底举行“承诺复盘会”，未兑现事项必须说明具体障碍和解决期限。

四、长效留人系统搭建

1. 人才风险预警机制

设计《员工稳定性评估表》（见表 6–2），可参考以下八项指标制表：

表 6-2　员工稳定性评估表

预警信号	检查方法	危险值
突然开始打扮精致上班	观察外表变化（尤其是技术岗位）	高
频繁接听私人电话	记录每天离岗接电话次数	中
不再主动加班	对比前 3 个月考勤记录	中
拒绝新任务	统计任务接受率	高
电脑屏幕总切换页面	突击检查工位（非监控隐私）	低
打听同事工资	留意私下谈话内容	高
清理工位物品	观察抽屉 / 文件收纳情况	高
对团队活动没兴趣	统计团建参与率	中

如果出现三项中度危险指标或一项高度危险指标，公司需要在本周内找员工谈一谈，看是否有能由公司出面解决的问题；如果出现两项高度危险指标，公司要启动留人方案；如果出现至少两项高度危险指标并勤休年假，说明员工大概率已经找好下家了。

2. 离职后管理策略

（1）如果条件允许，定期邀请离职员工参与产品内测。

（2）设计“回流通道”，保留核心员工返岗绿色通道。

第三节　高效开会的 4 个 15 分钟

某互联网初创公司 CEO 曾说：“每天 4 小时会议，结束时却想不起达成了什么。”这种场景在创业团队中屡见不鲜。更致命的是，冗长会议正在吞噬创业公司最宝贵的两样资产：创新动能与执行速度。

有效的会议需要做到这些：

会前准备充分，避免临时讨论；

会中严格把控，防止跑题拖延；

会后落实到位，确保执行效果。

下面介绍的“4 个 15 分钟”方法，就是专门针对这三点设计的。

一、第一个 15 分钟：会前准备

1. 常见问题

很多团队开会前只发个通知说“下午 3 点开会”，大家不知道要讨论什么，更不知道怎么准备。结果会上花大量时间解释开会背景，效率极低。

2. 具体做法

（1）提前 24 小时发会议通知，通知必须包含会议目的、需

要解决的问题、需要准备的材料。

示例："明天下午 3 点，讨论新门店选址问题。请每位负责人准备：①你推荐的两个选址地点；②每个地点的租金、人流量数据；③该区域竞争对手情况。"

（2）要求参会者提前提交意见。

使用共享文档，如腾讯文档、飞书文档。

（3）准备会议材料。

收集好所有背景资料；制作不超过 5 页的 PPT，列出关键数据和问题。

3. 实际案例

杭州一家电商公司使用这个方法后，会议平均准备时间从 53 分钟降到 15 分钟。他们的做法是：每周日下午，创始人会把下周所有会议安排和准备要求发到群里；周三的选品会前，每位采购经理都要提前填好选品推荐表。

二、第二个 15 分钟：高效决策

1. 常见问题

效率低的会议中经常出现以下情况：有人一直说个不停、讨论偏离主题、不同部门互相推诿、最后没有明确结论。

2. 具体做法

（1）严格按议程进行

使用计时器，将每个议题严格控制在预定时间。可参考以下示例议程：

①当前问题说明（3 分钟）；

②各部门汇报（各 2 分钟）；

③自由讨论（5 分钟）；

④投票表决（3 分钟）；

⑤明确行动项（2 分钟）。

（2）每人每次发言不超过 5 分钟

对于争议问题，采用“赞成 / 反对 / 弃权”即时投票，进行快速决策。

3. 实际案例

深圳一家软件公司用这个方法解决了技术方案争论问题。他们将技术方案做成选项表，每个人先花 5 分钟看完，然后用 3 分钟陈述观点，最后 2 分钟投票。原来要开 2 小时的会议，现在 15 分钟就能做出决定。

三、第三个 15 分钟：创意产出

1. 常见问题

头脑风暴经常出现大多数人沉默或者想法很多但都不实用的情况。

2. 具体做法

（1）独立构思阶段（5 分钟）

每人用便笺纸写下 3 个想法（1 个便笺 1 个想法），要求必须写完整句子。

（2）分组讨论阶段（5 分钟）

把便笺纸贴在白板上，归类相似想法，每组选一个代表说明本组想法。

（3）投票评选阶段（5 分钟）

每人有 3 票，可以投给最喜欢的想法，得票最多的 3 个想法进入下一轮细化。

3. 实际案例

北京一家教育公司用这个方法策划暑期促销活动。15 分钟内收集到 27 个创意，最终选出的“学习打卡返现”活动，带来了明显的业绩增长。

四、第四个 15 分钟：会后跟进

1. 常见问题

会上说得热闹，会后没人落实；过两周再开会，发现上次的决定都没执行。

2. 具体做法

（1）立即整理会议纪要，内容包括决策事项、由谁负责、做什么、什么时候完成几项。

示例：“王主管负责联系 A 供应商询价，5 月 30 日前提交比价表。”

（2）设置提醒，在微信群 @ 相关责任人，使用钉钉或飞书的待办功能设置提醒。

（3）建立检查机制，下次会议首先检查上次任务的完成情况，未完成的任务需要说明原因并提交补救计划。

3. 实际案例

上海一家设计公司实施这个方法后，任务完成率有效提升。他们的秘诀是：每次会议结束前，会让每位责任人当众承诺完成时间，并在公司大屏上展示任务进度。

第四节　远程协作的管理窍门

远程协作不是障碍，而是机遇。本节将剖析远程管理的核心问题，提供便于执行的操作方案，用最少的投入得到云端高效协同的效果，让跨地域的团队效率更高。

一、远程协作的三大核心问题

1. 信息传递不准确

在办公室里，同事之间都可以面对面讨论，一个手势、一个表情就能把意思表达清楚。而远程办公时，很多时候文字消息会导致误解。比如设计师说“把按钮调大些”，开发人员可能将按钮放大 10%，但实际上需要放大 30%。更糟糕的是，修改意见分散在微信、邮件、钉钉等多个平台，谁也不知道最终版本是什么。

要解决这个问题，所有修改要求必须用具体数字说明，比如“把按钮从 100 像素放大到 130 像素”。可用截图工具圈出具体修改位置，配上文字说明，并建立统一的文档中心，所有修改意见都集中在一个地方。

2. 工作进度不透明

在办公室，抬头就能看到同事在做什么。远程工作时，经常出现几个人同时做同一件事，或者重要任务没人跟进的情况。有一个电商团队，因为缺乏沟通，导致3名设计师同时在做同一个商品的详情页，浪费了整整两天。

要解决这个问题，需要在每天下班前更新工作进度表，写清楚今天做了什么、明天打算做什么、需要什么帮助。使用在线协作工具，所有人都能看到任务分配情况，并在每周五下午开进度同步会，用15分钟快速核对各项任务。

3. 团队归属感弱化

远程工作最大的问题是员工容易感到孤独，新员工尤其明显。很多人工作1个月了，连同事长什么样都不知道，缺乏团队归属感。

这时，需要增强团队凝聚力。可以在每周五下午4点举办“线上茶话会”，鼓励员工打开摄像头，聊聊工作以外的事情。另外，新员工入职前两周，还可以适当安排老员工每天视频交流15分钟。

二、具体操作方案

1. 优化晨会流程

（1）常见错误

在工作群发十几条60秒语音，员工听完还是不知道重点。

（2）正确流程

①提前一晚通知会议议程；

②早9点视频会议（限时15分钟）；

③每人按模板发言：“昨天完成××，今天计划做××，需要××帮助”；

④会议记录员立即整理并@相关负责人。

2. 做好任务分配

（1）常见错误

老板在群里 @ 所有人“尽快完成市场分析”。

（2）正确流程

创建进度看板：待处理 → 进行中 → 待审核 → 已完成。

每个进度必须包含负责人姓名、截止时间（精确到几点）、完成标准。

3. 文件管理规范

（1）所有文件存百度网盘，按“日期+项目”命名。

（2）建立文件归档目录，每月 1 日整理。

三、典型问题解决方案

1. 成员回复消息不及时怎么办

首先要把消息分成 3 个等级。普通消息（比如日常沟通）24 小时内回复即可；重要消息（比如客户需求变更）要在消息前加“重要”标记，2 小时内必须回复；紧急消息（比如系统崩溃）直接打电话联系。

2. 跨时区工作怎么安排

建议做两张表。第一张是时区对照表，把每个同事的所在地和工作时间都列出来。比如纽约的同事是北京时间晚上 9 点到凌晨 5 点上班，悉尼的同事是早上 6 点到下午 2 点上班。第二张是重叠时间表，找出每天大家都能同时在线的时间开重要会议。有个做软件外包的团队，他们把重叠时间固定在下午 2 点到 4 点，所有需求讨论都安排在这个时段，版本发布再没出过错。

3. 远程招聘怎么考察真实能力

最好的办法是让候选人实际完成一个小任务。比如招设计师，就让他做张宣传海报；招程序员，就给个小功能让他写代码。重点不是看结果多完美，而是观察他如何做事。

四、成功案例

深圳某外贸团队共有 8 人，团队成员分布在马来西亚、美国、肯尼亚和中国，他们通过 3 个关键动作实现业绩倍增：

1. 晨会录像回传

北京时间早 9 点的会议全程录屏，同步到工作群供不同时区成员查看，确保信息同步率达到 100%。

2. 可视化任务管理

该团队在 Trello 看板上使用多种颜色标签：

红色：当天必须完成；

黄色：本周重点任务；

绿色：长期项目；

蓝色：需要协作事项。

3. 月度激励制度

根据文档协作记录和任务完成度，每月投票选出 1 名“协作之星”，奖励 500 元现金＋定制奖牌。

这套方法的关键在于，所有措施都简单到能用一张 A4 纸说明白，但执行时必须全员严格遵守。项目负责人每周五下午会亲自检查标签使用规范，错误使用超过 3 次的员工会扣当月奖金。

4. 其他注意事项

（1）每季度至少组织 1 次线下聚会。

（2）必须与入职两周内的新员工多沟通。

（3）遇到争议立即打电话，不要打字争论。

第七章　持续创新的法则

第一节　老业务焕发新活力的方法

如今，流量红利时期正在落幕，哈佛商学院的一项研究表明，改造现有业务要比创立新企业的成功概率更高，且耗费的资源成本仅为新创企业的60%。本节中将阐述经过验证有效的7种创新方法，并列举宝洁、海底捞等实例，诠释传统业务“第二增长曲线”的内涵。

一、重新认识客户：挖掘隐藏需求

重新认识客户是创新的起点。许多经营者容易陷入经验主义误区，认为自己对客户需求了如指掌，却不知道客户的需求已经变了。建议建立定期访谈机制，了解客户需求，并尝试设立临时体验区，用最小成本做需求验证。

某文具店的转型故事值得深度剖析。创始人在整理最近3年的客户投诉记录时发现，多数抱怨集中在“找不到地方写作业”“家长等待太无聊”等环境问题。为此，她做了这些事：

第一步，进行需求验证。

在店内设置临时自习区测试两周，提供免费Wi－Fi和充电插座，日均吸引20名学生滞留3小时以上。

第二步，进行空间改造。

自习区采用“图书馆＋咖啡馆”混合模式，每小时收费8元（含饮品）；家长区引入共享办公设备，设置茶艺体验课；保留30%面积做文具陈列，但调整为学习场景化摆放。

第三步，规划运营。

与周边培训机构合作，自习满10小时赠送课程体验券。

改造后非文具收入占比增加，年净利润增长明显。

二、老产品＋新服务：提升附加价值

为老产品叠加新服务能有效提升竞争力。“净享家”家政公司的三级服务升级堪称典范：

第一步，项目增值。

免费清洁滤网（成本3元/次）；

培训员工用手机拍摄清洁前后对比图；

制作家电保养电子手册，扫码即可领取。

第二步，业务突破。

年度家居体检（定价288元）；

开发22项检测清单（含甲醛检测、电路安全）；

与保险公司合作推出“家安险”套餐。

第三步，服务裂变。

设立技能认证体系，进行“收纳专家”“宠物护理”等细分认证，锚定目标客户；

客户可指定持证人员服务并支付溢价。

这套组合拳使“净享家”家政公司的客户年均消费大幅增加，更衍生出家电维修联盟业务。关键启示在于：把单次交易转化为长期服务关系。

三、技术接地气：用工具提效率

技术应用要注重实用性而非盲目跟风，只要操作得当，社区超市也可以实现数字化转型：

第一步，用户连接。

用企业微信加客户时备注“楼号+需求”，如“3 栋张姐爱买特价菜”；

每天 18 点推送“次日清货清单”，支持微信预订。

第二步，进行系统搭配。

开发简易订货系统（成本 8000 元）；

设置午间取货、下班取货等时段标签。

第三步，构建协同网络。

联合 5 家小店共享配送员；

建立社区团长分润机制。

这套体系技术投入总计不超过 3 万元，却可以降低生鲜损耗率、掌握了各栋楼客户的消费画像。

四、收费模式改良：让客户更愿意买单

收费模式创新往往能打开新局面。可以参考广州“印无忧”的按张收费模式：

第一步，进行成本核算。

测算出单张打印综合成本 0.18 元（含设备折旧）。

第二步，设计套餐

基础包：0.3 元 / 张（保底 5000 张 / 月）；

弹性包：0.25 元 / 张（需预付年费）。

第三步，控制风险。

安装打印监控系统；

设置超额预警机制。

该模式锁定了50家中小企业，其中律师事务所年均打印量达12万张，仅此一家公司年贡献毛利就达到2.16万元。此外，“印无忧”还衍生出文件归档、耗材回收等增值业务。

五、员工创新计划：一线最懂痛点

激发员工创造力是持续创新的源泉。南京“味满楼”餐饮的金点子计划值得借鉴：

第一步，设立提案机制。

每月8日举行“吐槽大会”；

设立“立即执行”快速通道，店长有500元以下的决策权。

洗碗工王姐提出“餐具盲选”方案，将滞销菜与畅销菜组合，用抽签方式销售，使边角料利用率提升；服务员小李设计出“情绪服务包”，为等位顾客提供解压玩具＋小吃试吃，使差评率降低。

第二步，设立激励机制。

采用“利润分成＋命名权”双重奖励；

评选“年度创新王”，奖励获奖员工带薪休假15天。

该计划实施18个月，员工流失率下降。

六、跨行业抄作业：复制成功经验

跨行业借鉴能带来突破性灵感。苏州“匠人工坊”五金店的场景化改造堪称典范：

第一步，采集灵感。

组织团队参观宜家、小米之家、诚品书店；

绘制“客户动线情绪地图”。

第二步，构建场景。

阳台改造区：展示全套工具＋仿真植物墙；

厨房维修角：配备常见配件＋故障模拟装置。

第三步，提供租赁服务。

开发工具共享小程序；

设置“新手套装”，含防护装备、教学视频。

经过场景化改造后，工作服、防护手套等非工具类商品销量增长，工具租赁业务复购率提高，最受欢迎的角磨机年出租达 280 次，获得的利润和卖出 7 台新机相当。

七、小步快跑策略：每天进步 1%

用小步快跑策略进行创新最易见效。建议建立“每周微创新”机制。可参考杭州“麦香坊”面包店的流程进行微创新：

第一个月，进行试吃装改良，从整块面包改为口味组合盘，并设立新品投票榜。

第三个月，推出 9.9 元随机体验盲盒，同时开放后厨直播。

第六个月，建立产品淘汰赛机制，下架末位 3 款产品。

通过持续迭代，SKU 从 85 个精简至 51 个，但爆款产品复购率提升了。关键是要建立“测试—数据—优化”的闭环系统。

要让老业务焕发新生机，关键要把握 3 个原则：创新必须源于真实需求，改进后要进行可量化评估，每次调整保留足够的观察期。就像修剪果树，既要剪除枯枝让阳光透入，又要保留主干积蓄力量，这样才能让传统业务持续结出新的果实。

第二节　培养团队创新习惯的日常训练

许多创业者认为创新依赖“灵光一现”，实际上创新成果与系统性训练是分不开的。就像健身需要天天坚持，创新思维也能成为一种习惯。但在快节奏的商业环境中，管理者往往陷入两难：既要激发团队创新活力，又苦于时间精力有限。本节将指导创业者通过简单的方法让创新成为员工自运转的日常习惯。

一、建立自动化的创新管理机制

某模具厂开发了一套“创新积分银行”系统，这个小程序实现了提案的全自动化管理。员工扫码提交创意后，系统会自动记录提交时间，并推送给相关同事进行评价。每个创意都会获得两种积分：同事点赞获得基础分（1 分 / 个），管理层评分获得附加分（10 分封顶）。积分可以兑换多种奖励，包括带薪假、培训机会甚至股权认购权。

这个系统有个特别之处，如果员工超过 30 天没有提交提案，系统会自动推送灵感提示，包含精选的客户反馈和生产过程中的问题片段。实施 1 年后，该厂的月均提案量大幅增加，其中绝大多数来自一线员工。仓库管理员提出的模具编号激光刻印方案获得 87 名同事点赞，直接入选公司年度十佳创意。

二、打造激发创新的物理环境

宁波晨光文具厂在员工休息区安装了一台特别的创新盲盒机。员工投入一元硬币后，会随机获得一张任务卡。这些任务分为三类：红色挑战卡需要解决具体的业务问题，蓝色趣味卡鼓励进行创意发挥，金色机遇卡则是管理层的待解难题。完成任务后员工可以通过微信扫码获得红包，同时能看到全厂的创新成果。生产组长抽到的任务是优化胶水填充工艺，他从自动售卖机上的瓶子获取灵感，发明出定量注胶的装置，每年为公司节约120万元原料成本，可投入还不到5000元。

武汉一家生物技术公司则采用了双屏系统的方案。左屏实时显示从企业内部通信软件提取的关键词，自动生成问题热力图。当某个关键词出现频率超过阈值时，系统会发出提醒。右屏则关联以往的历史解决方案数据库，员工在提出问题时，会直接将相关或相似的问题的解决方案直接提供给员工，实现公司知识再利用，每年少投入几百万元的咨询费用。

三、利用客户反馈驱动创新

郑州巴奴火锅建立了一套将客户投诉转化为创新动力的机制。每当出现有效投诉，系统会自动追加100元创新基金，形成“悬赏池”。员工可以提交解决方案参与竞标，获胜者获得基金使用权。同时，每月邀请投诉客户参加改进听证会，由他们投票决定10万元创新基金的分配方向。

这套机制产生了显著效果。一些顾客投诉毛肚嚼不动，厨师团队据此研发了木瓜蛋白酶嫩化技术，现已成为行业标准。服务员小张提出出品追溯二维码项目，获得了3万元基金奖励，后来这项技术还拿到了美团公司的投资。

四、构建智能化的评估体系

杭州魔筷科技开发了创意评估系统，可以从3个维度自动分析提案价值。首先是可行性分析，系统会调取财务数据计算实施成本；其次是影响力评估，通过OA系统分析这个创意会影响多少部门；最后是成功概率预测，预测结果基于200个历史案例的相似度匹配。

这套系统帮助公司避免了多次资源错配：市场部的直播基地改建计划因为每平方米改造成本超出行业平均127%而被降级；物流组的智能分拣路线方案因为与6个部门相关联获得了优先实施权；UI组的AR试穿功能由于与之前失败的VR购物项目相似度高，被建议进行重大修改后再提交。实施该系统后，公司的创新资源错配率明显下降。

五、举办资源受限的创新竞赛

东莞慕思家具每年都举办零成本创新大赛，要求参赛者只能使用企业现有的闲置资源解决问题，闲置资源包括积压的原材料、闲置的设备与空闲时间的人力。参赛团队需要解决管理层给出的3个问题，获胜方案可直接转换为新业务，方案提出者成为项目经理。

2024年的大赛冠军是销售主管小陈带领的团队。他们用积压的记忆棉制作助眠香囊，提升了展厅转化率；用旧床垫改造午休舱，开拓了企业服务市场；还优化了安装流程，提高了工作效率。这个当初被戏称为垃圾堆里捡出来的业务，现在为公司贡献了许多营收。

上述方法归根结底就是要使组织的创新活动规范化、机制化、制度化，只要有必要的激励、有效的环境营造、最佳的资源配置，不论何种规模的企业，都可以拥有一支不断创新的团队。关键在于将创新从偶发的灵感转化为可管理、可重复的日常工作流程。

第三节　跨界借鉴的创新思维

很多创业者都容易陷入一个误区：只在同行业寻找创新灵感。实际上，其他行业带来的创新成果也不容小觑：麦当劳的标准化流程来自汽车生产线；优衣库的仓储式陈列借鉴自超市；小米的粉丝运营学习的是足球俱乐部……这些成功案例告诉我们：跨界创新已经成为创业者的必备技能。

一、四步实现跨界创新

1. 拆解自己的业务

以一家普通奶茶店为例，可以从 4 个角度进行拆解：

（1）产品：茶饮配方、原料供应。

（2）服务：点单流程、制作速度。

（3）环境：店面装修、座位布置。

（4）营销：促销活动、社交媒体。

2. 寻找可借鉴的行业

我们继续用奶茶店举例，可以这样匹配：

（1）产品：参考香水行业的“前中后调”理念。比如将水果茶设计成“第一口酸甜（前调）→茶香回甘（中调）→果香余韵（后调）”。

（2）服务：学习医院的分诊系统。比如设置选择屏（顾客选择：想解渴 / 提神 / 拍照），直接抓住顾客需求，增加顾客黏性。

（3）环境：模仿美术馆的策展方式。比如每月设定主题，更换背景音乐、员工服装、杯套设计，延长顾客停留时间。

（4）营销：借鉴游戏行业的任务系统。比如开发"集章卡"，买 5 杯解锁隐藏菜单、买 10 杯赠 1 杯，提升品牌会员消费频次。

3. 调整适应本行业的关键点

（1）成本控制：美术馆式装修可以只改造一面墙。

（2）员工培训：新服务流程要分解成简单步骤。

（3）菜单改造：用直观的菜单说明新产品特点。

4. 小范围测试

建议选 1~2 个门店试点测试 2~4 周，主要收集三类数据：顾客反馈（问卷评分）、经营数据（销售额变化）、员工反馈（执行难度）。

二、最容易借鉴的 6 个行业案例拆解

1. 快餐业：标准化流程

（1）案例背景

某烘焙坊每月因员工操作不当导致蛋糕报废，损失超 2 万元。老板考察肯德基后发现所有操作都有精确到秒的流程。

（2）具体实施

①拍摄标准操作视频。录制裱花、烘烤等 12 个关键环节。

②制作可视化流程图。贴在每个工位上方。

③引入计时系统。烤箱设置双计时器（预热+烘焙）。

④建立检查机制。店长每小时抽查 3 个环节。

（3）执行效果

①新员工培训时间从 2 周缩短到 1 周；

②产品合格率提升；

③每月原料浪费减少。

2. 酒店业：服务细节

（1）案例背景

某美容院常因服务态度不统一遭投诉，店长学习五星级酒店服务标准后改革。

（2）具体实施

①制定“五步迎客法”：

距离顾客 1.5 米时便微笑；

30 度鞠躬；

双手递毛巾；

称呼会员姓氏（如“张女士”“李先生”）；

需求确认（重复顾客要求）。

②引入“客房服务铃”：顾客需要服务时按铃，响应时间控制在 90 秒内。

（3）执行效果

①投诉率下降；

②顾客主动办卡率提升；

③员工获客金额增长。

3. 航空业：安全管理

（1）案例背景

某食品厂因质量问题被客户退货，借鉴航空业的安全管理方法。

（2）具体实施

①建立检查单：

每日开机前 28 项检查；

每批次产品 5 个关键控制点；

设备维护日历（类似飞机检修）。

②实施精确记录制度：

记录所有生产参数；

问题追溯可精确到分钟。

（3）执行效果

①客户投诉下降至每月 2 次；

②质量问题处理时间从 8 小时缩短到 1.5 小时；

③获得出口资质认证。

4. 便利店：库存管理

（1）案例背景

某服装连锁店面临库存积压问题，年均滞销商品占比达 35%。创始人考察 7-11 便利店后，发现其库存周转率高达 12 次 / 年。

（2）具体实施

①商品分级系统：

A 类（周销多于 20 件）：每日补货，展位占比 40%；

B 类（周销 5~19 件）：每周二补货，展位占比 35%；

C 类（周销少于 5 件）：设促销专区，每月 1 日集中处理。

②动态调整机制：

每周分析销售数据；

如商品连续两周降级，要立即启动促销；

新品首月不参与分级。

③员工激励方案：

C 类商品售出提成翻倍；

库存准确率与奖金挂钩。

（3）执行效果

①季末滞销品占比降低；

②仓储成本降低；

③店员人均绩效增长。

5. 健身房：会员维护

（1）案例背景

某教育机构面临续费率下滑问题，借鉴超级猩猩健身房的会员运营模式。

（2）具体实施

①会员成长体系：

设置铜、银、金、钻卡四级；

课时消耗升级（20、50、100 节）；

每级解锁新权益（家长课堂、专属活动）。

②社群运营方案：

班级微信群每日打卡；

每周五发布“成长报告”；

每月线下亲子活动。

③流失预警机制：

连续缺课 3 次触发关怀；

剩余课时≤ 5 节时推送续费礼包。

（3）执行效果

①年度续费率提升；

②转介绍率增长；

③客单价提高。

6. 电商平台：数据分析

（1）案例背景

某餐厅开业半年，客单价停滞在 58 元，餐厅老板借鉴了拼多多的数据运营方法。

（2）具体实施

①消费行为分析：安装点餐记录系统。

关注一段时期内某菜品的点击次数；

关注最终选择频率最多的菜品；

关注顾客点餐浏览的时长。

②菜单优化策略：

点击高但下单少的菜品降价 10%；

设置“掌柜推荐”组合套餐；

隐藏点击率最低的 8 道菜。

③促销测试方法：

A 组顾客满 100 减 15，B 组顾客赠 30 元券（下次可用），花两周时间测试。

（3）执行效果

①客单价提升至 72 元；

②招牌菜点击率提高；

③午市翻台率增加。

三、常见问题解决方案

1. 创新如何开始

（1）每周体验一种陌生行业。

（2）记录几个值得学习的细节。

（3）思考如何用到自己的生意中。

2. 员工不接受新方法怎么办

（1）先在一个部门试点。

（2）让受益员工分享心得。

（3）制定简单的执行标准。

3. 效果不明显怎么办

（1）检查是否完整复制了核心方法。

（2）给新方法 3 个月适应期。

（3）组合使用多个行业的经验。

跨界不是要完全照搬，而是找到适合自己的核心思路。就像奶茶店学香水行业，重点不是卖香水，而是理解气味记忆对消费者的影响。

第四节　应对行业变革的提前布局

很多创业者觉得行业变化是突然发生的，比如直播带货冲击实体店、外卖平台改变餐饮业。但事实上，这些变革在发生前都有明显信号，早有征兆。以教培行业为例：2018 年教育部就开始整顿校外培训机构，要求办学许可证；2020 年北京、上海试点限制课外培训时间；2021 年“双减”政策正式出台。

那些存活下来的机构做了什么？

新东方早就开始做成人教育和素质教育；

好未来转型做教育科技，研发智能学习硬件；

地方小机构有的转做托育服务，有的做研学营地……

创业者要记住：行业变革就像台风，气象台总会提前预报，关键是你有没有看天气预报的习惯。

一、四步建立预警系统

1. 建立信息收集渠道

每周固定 2 小时做这些事：

（1）看行业头部企业的招聘信息，看他们在招什么新岗位。

（2）参加一次跨行业交流会。比如你在餐饮行业，可以去听零售业的分享会。

（3）查国家企业信用信息公示系统，看同行都在注册什么类型的新公司。

深圳一家母婴店老板发现儿童奶粉销量下降，通过查看奶粉企业财报，发现行业头部公司都在推中老年奶粉，于是提前引进中老年营养品，2024 年这部分占到总营收 40%。

2. 培养团队预警意识

每月开一次“未来会议”：

（1）让团队成员每人说一个最近观察到的行业变化，哪怕很微小也无所谓。

（2）投票选出最可能影响业务的 3 个变化。

（3）准备好应对方案。

杭州一家服装厂，有员工发现短视频平台上汉服话题很火，团队讨论后决定用现有生产线试做改良汉服，现在汉服业务每年为公司带来 600 万元营收。

3. 小步试错的方法

不要一次性投入大量资金，而是：

（1）选择现有业务中可以改造的一小部分。

（2）用最低成本测试。比如先接订单再生产，不要囤货。

（3）每季度评估一次效果。

山东一家化肥经销商，2022 年发现种粮大户开始用无人机施肥，就联合当地飞防队开展“化肥＋飞防”套餐服务，现在这项业务的利润占总利润的一半。

4. 提前储备关键资源

重点储备三类资源：

（1）人才：哪怕暂时用不上，也要认识几个技术型人才。

（2）渠道：多开发两三个备用销售渠道。

（3）资金：永远留一笔“救命钱”（至少包含 3 个月运营成本）。

上海一家广告公司，2023 年传统业务下滑，但因为早先认识了几个短视频人才，快速转型做企业短视频代运营，现在运转得比以前更好。

二、不同行业的具体应对方案

1. 开工厂的怎么办

（1）每季度给老设备做升级。比如加装智能监测模块。

（2）开发一个能快速转产的新品类。比如做箱包的可以转做宠物用品。

东莞一家电子厂，原来做手机配件，看到智能家居兴起，用现有设备改做智能门锁配件，2024 年订单增长 200%。

2. 开店做生意的怎么办

（1）把最赚钱的 3 个产品线上化（哪怕只是在微信上卖）；

（2）发展会员体系，记录顾客生日、购买习惯等。

2023 年，成都有一家火锅店把底料做成电商产品，现在线上收入占 35%。

3. 做服务的怎么办

（1）把服务流程标准化，比如家政服务公司需要为员工制定一份明确的操作手册。

（2）培训员工掌握 1~2 项新技能。

北京一家保洁公司，培训员工掌握基础收纳技巧，最终客单价提高 30%。

三、一定要避开的 3 个坑

1. “等等看”坑

很多老板觉得等变化来了再说也无所谓，但真到那时就晚了。

2. “全盘否定”坑

不能因为要做新业务就完全放弃老业务。

3. “盲目跟风”坑

不要看别人做什么就跟着做，要想清楚适不适合自己。

第八章　小本生意大智慧

第一节　适合小本创业的行业分析和项目推荐

小本创业的关键在于选对赛道。本节将聚焦四大低门槛、高潜力的黄金领域：从田间地头的特色农产品种植，到家庭作坊式的食品加工技巧；从一人即可启动的社区服务项目，到轻资产运作的流通环节创新。这些生意的特点是我们都能轻易参与，不需要非常高的技术，轻轻松松就能开始，并且不会迅速耗尽资本，同时能够迅速产生收入。我们将拆解每个领域的盈利模式和避坑要点，助你用小的投入撬动大的商机。

一、农产品生产

1. 行业分析

行业概况及特点：农业是满足人类基本需求的行业，也是高度依赖自然条件的行业。

农产品生产要以市场为导向，根据市场的行情及其变化规律，决定生产的品种和生产的时机，以规避风险，获得较高的投入产出比。

农产品生产首先要遵循因地制宜的原则（从事设施农业的情况除外），宜林则林，宜牧则牧，宜耕则耕，要充分利用地理优势和自然资源，另外，还要量力而行，选择与自己的资源和能力匹配的项目及经营规模。

将市场需要、地理优势和自己的专长结合起来，成功就是水到渠成的事。如市场上某种药材紧缺，行情看涨，而你所在的地区又是最佳生产地，你又有办法获得种植这种药材的技术的话，就应该果断投入。

农产品的收获需要短则数月、长则数年的周期，所以在投资前还应对其所需的最大投入、经营成本和可能产生的效益进行评估，以确定经营规模和经营方式。以养猪为例，购买猪崽等初始投资只占总投资的一小部分，如果没有足够的资金储备，就可能事倍功半。

农产品的不易储存性对经营者来说既是风险也是机遇，如果善加利用的话，可以成为增加利润的手段。如可以通过人为的有效措施提前上市或滞后上市，以获得高于正常水平的收入，也可将为农产品生产者提供专业的储存和保鲜服务作为经营业务。

个体经营者为了增强抗风险的能力，应积极寻求联合，如组建农业生产合作社或加入大规模生产的体系中，借助规模的力量获得采购优势、销售渠道和议价能力，提高竞争力。如加入实力雄厚的销售网络健全的公司体系中，成为产业一体化大公司的农户，以专注于生产，获得稳定的回报。

农产品的生产和销售相对简单，只要能以适当的成本生产出来，就能够获得收入。但对大宗农产品，如大米、玉米等作物而言，个体生产规模小，往往缺乏竞争力。小本创业者，应该选择高附加值的特殊、特色品种作为经营项目，如从事食用菌、药材、特菜、土鸡、土猪等农产品的生产。与大企业逆向而行往往是小企业的生存之道，如以最原始、最自然的方法生产农产品，小本经营者应该将特色作为自己的核心竞争力。

总之，在投资农业项目时，如果能有效地规避市场风险，找到提高效率或差异化经营的方法，成功的机会还是比较大的。

行业发展趋势：规模化、品牌化、特色化。

规模是实现效益的保证，规模化生产是农业发展的大趋势。在小规模经营获得成功后，经营者应该积极谋求更大的发展，适时扩大规模，如通过联合、整合当地的优势品种，区域化种植，建立供应特色，给农产品赋予品牌和包装，获得更高的附加值。

2. 行业的创新机会和提高效率的方法

（1）利用科技的力量

研究表明：科技对农业的贡献率高达60%。

将优良的品种、先进的种植方式、技术、农资、工具和营销方式结合起来，就可能产生乘数效应，使利润成倍增长。

（2）发展特色农业

和经营工业产品相比，农产品的创新和发展空间还是很大的。首先是品质的改善，随着人们食品安全意识的提高，无公害食品和有机食品的需求量越来越大；其次是品牌化经营，目前市场上的农产品以无包装形式销售的居多，还鲜有著名的品牌，现在是建立农产品品牌的最佳时机；再就是差异化，在品种、生产和销售方式上，都有实现差异化的可能。

3. 生产/经营方式建议

（1）有机种植

近年来频发的“毒菜”事件，已经暴露出农药、化肥主导的蔬菜生产方式的弊端，并引发消费者对有机蔬菜的空前青睐。有机食品产业正以超过20%的年增长率迅速扩大，市场对有机食品的需求相当旺盛。

谁能以适当的成本和方式，满足消费者食用安全食品的核心需求，谁就能在这个增长迅猛的市场中获得丰厚的利润。

成功关键：特色品种＋种植技术＋销售渠道＋生产规模。

（2）社区支持农业

社区支持农业（CSA）是20世纪70年代起源于瑞士，并在日本得到发展的蔬菜生产供给方式。具体来说就是：农场与社区建立合作关系，由农场直接向社区供应有机食品，以降低成本，保证品质。每年年初，CSA组织的会员向农场预付未来1年的农产品费用，以降低农民的生产风险，保证有机生产的投入。农场用有机的方式为会员生产供应蔬菜。

近几年，CSA模式已经被引进国内，上海的青蓝耕读合作社和北京的小毛驴市民农园就是该模式的实践者：会员年初预付2000~4000元不等，每周都能收到1次来自农场的农产品，每年配送20~40次，品种都是农场有机种植的时令农作物。

除了有机农产品外，有些CSA组织还提供深加工产品，比如豆腐、腐竹、豆芽等，都是用有机原材料土法加工而成的。

在城市周边环境未受到污染的农村，最适合发展“社区支持农业”。

（3）体验型农场（在本节“服务业”板块中有详细介绍）。

4. 项目推荐

（1）瓜果

葡萄、草莓、蓝莓。

（2）优特蔬菜

想从事蔬菜种植者，可通过《长江蔬菜》等专业媒体获得相关信息。

特别推荐：室内种植芽苗菜

项目分析：芽苗菜生产不受自然气候的限制和自然灾害及病

虫害的威胁。投资芽苗菜生产，投资少，见效快、利润高，是适合小本投资经营的项目。

效益分析：生产一茬芽苗菜仅需6~15天，每年可生产20~40茬，而且可以采用多层立体栽培提高单位面积的出品率。1平方米采用立体多层栽培的芽苗菜，在循环生产的情况下，相当于传统地耕一亩普通蔬菜的收成。芽苗菜的主要的生产成本来自种子费用，一般成本在0.4~1元/公斤，芽苗菜的销售利润率是普通蔬菜的10倍左右。

生产芽苗菜的投资规模可大可小，既可在家庭作坊生产，也可规模化经营。普通作坊式生产，投资仅需几百元，特别适合农村居民、城市下岗待业人员创业。

以香椿芽为例：无土栽培香椿芽15天为一个周期，一盘成本2元钱左右，每斤种子可种15盘左右，一般售价12元以上，每盘能获得8~10元的利润。每人每天在10平方米房间或阳台工作2个小时，可连续日产20~30盘，如果天天播、日日收并能打开销路的话，每月可获得数千元的利润。

促销建议：制作精美菜谱，以菜谱为促销工具，向饭店和单位食堂推销，如果能发展几家长期客户的话，利润就有保障了。

（3）食用菌

木耳、蘑菇。

（4）中药材

金银花。

（5）花卉和香草

可选择适合种植的观赏植物和香草，进行规模种植。

（6）其他经济作物

油橄榄。

（7）生产种苗

生产种苗是农业中附加值最高的领域。一般来说，生产种苗的利润率是生产普通农产品的好几倍。但对技术、资金和销售能力的要求较高，适合有一定文化水平和资金实力的投资者经营。

种苗在农村市场的发展空间巨大，特别是一些经济效益高的名优特种苗，更受农民欢迎。因此，想从事种苗生产的创业者不妨对种苗市场进行深入研究，选择适当的品种进行经营。

种苗的生产方法有两种，一种是大家熟悉的自然繁育法，另一种是组织培养法，以下是该方法介绍：

组织培养法——植物克隆技术

技术简介：植物克隆技术是采用植物的组织叶或芽，通过生物高科技手段，在极短的时间内几十倍、几百倍地克隆出与母体完全相同且不含任何病毒的植物。它投入低、利润大、科技含量高。所有植物一年四季都可克隆，具有扩繁成本低、繁殖速度快、成活率高、再生苗健壮、开花结果早、后代无变异等优点。

投产条件：可通过接受专业培训或受让获得快繁技术。设备可自制，年育 60 万株苗木需 30 平方米左右的厂房。

效益分析：克隆苗综合成本仅 0.05~0.07 元 / 株，按小规模年产植物苗 60 万株，批发价每株 0.8 元计，年收入为 60 万株 ×0.8 元 = 48 万元，净利润 = 48 万元 − 设备 4000 元 − 水电 2000 元 − 培养液 4000 元 − 场地租金 4000 元 − 工资 14000 元 − 税金 2000 元 = 45 万元。

当然，以上数据只是理想状态下的估算，未计算销售和管理费用。关键是能否实现规模化销售，否则利润就无从谈起。

经营建议：第一，自己选择品种进行克隆，利用林业、农业网站和其他媒体进行宣传，获得订单；第二；将地方濒危植物与经济植物作为克隆对象，争取政府项目资金扶持，可快速扩大规模；第三，利用克隆技术，承接各地、各类苗木的种苗业务和土豆、红薯等作物的脱毒快繁业务。

二、加工业

1. 农副产品加工

深加工是实现农产品增值的有效渠道，也是适合小本创业的行业之一。

从事农副产品加工行业要以市场为导向，项目的选择应基于当地资源的比较优势，如果能将当地的资源优势和市场需求结合起来，就会事半功倍。如“好想你”食品公司就是利用当地红枣物美价廉、来源丰富的比较优势，从事枣产品的深加工而发展起来的。

（1）行业分析

行业特点：农副产品加工是劳动密集型、技术含量低、生产效率低、标准化程度低、单位生产规模小、总体市场又极大的行业。行业整体缺乏现代营销意识，行业中存在着巨大的价值创新的机会。

（2）行业的创新机会和提高效率的方法

①通过生产方式与业态的创新实现差异化经营。

②通过改进生产工艺提高产品质量。

③利用先进的设备和工具提高生产效率。

④加工企业可以向下游发展，建立自己的销售网络。

（3）项目推荐

民以食为天，食以洁为先。工业化的食品生产虽然效率高，但为了便于运输和储存而使用防腐剂、添加剂的情况十分普遍。随着消费者食品安全意识的增强，对新鲜、安全食品的需求越来越强烈，这就为现做现卖的小作坊提供了发展机会。

小本创业者可以因地制宜、因“市”制宜，从以下加工项目中选择适合自己的创业项目。

①豆制品加工

用黄豆可以生产出各式各样的豆制品。黄豆被筛选、清洗、浸泡、研磨、过滤后，架锅一煮即是豆浆；豆浆点了卤水，就成为豆腐脑；豆浆点卤水点得老一些，就成为豆花；豆花滤除水分，压实成块，就是豆腐；豆腐被进一步挤压成型，就成了豆腐干……黄豆还可以加工成臭豆腐、腐竹、千张、素火腿等食品。创业者可根据目标市场豆制品的消费习惯，决定生产的品种。

②现榨油坊

利用原生态油料，现场加工的生产方式能够满足消费者食用放心油的需求。

在农村或城市居民集中的地方开设现榨油坊，提供各种现榨的食用油，或为自带原料的顾客提供加工服务，能获得可观的收入。

③小糕点加工

在农村乡镇开设小糕点烘焙作坊，制作中低档大众糕点，如面包、蛋糕、饼干、麻花、桃酥等食品，以安全和新鲜为卖点。每天即使加工几十公斤面粉，也能获得不错的收入。

④现做现卖黑芝麻糊

黑芝麻糊是一种家喻户晓的滋补美食，是早餐和夜宵的理想食品。

市场上销售的黑芝麻糊包装食品虽然食用方便，但黑芝麻含量较低，口味和品质都不能满足高层次的消费需求。开一家黑芝麻糊小吃店或食摊，以现做现卖、原料货真价实为卖点，吸引顾客光顾。

加工黑芝麻糊的技术简单易学，主要设备是小型磨面机和电炒锅，制作黑芝麻糊的原料来源丰富，既可开店经营，亦可流动经营。

⑤现磨五谷豆浆店

目前市场上有一种机械石磨，可快速高效地生产五谷豆浆、黄豆豆浆、绿豆豆浆、红豆豆浆、黑豆豆浆、花生奶、杏仁露等饮品，可以满足不同消费者的需求。因为是现磨现卖，生产过程看得见，新鲜又卫生，深受消费者欢迎，市场前景不错。

产品优势：新鲜、安全、味道纯正、香味浓郁。

业态选择：加工外卖或开餐饮店。

⑥果蔬深加工

可因地制宜生产脱水蔬菜，利用水果酿酒、酿醋。

⑦风味食品制作

以能够让顾客看得见的方式，现做现卖各种风味独特的食品，如巧克力、馅饼、饼干、蛋糕、冰激凌、面包、果酱、果醋、果酒等。为顾客提供除在商店购买包装食品和自己动手制作之外的便利选择。

⑧大米深加工

利用大米加工米粉、米线、米饼、米酒等食品，可批发亦可零售，如专门为经营米粉、米线的餐馆供应半成品原料，或直接卖给家庭顾客。

⑨酿造食品

目前市场上销售的酱油和醋有许多都是勾兑出来的，市场对用传统方法酿造的酱油、醋的需求越来越大。小规模酿造食品生产的投资仅需几千元，相关技术可通过参加培训或自学获得。

⑩肉制品加工

可以利用无公害肉制作各种风味肉制品，如香肠、熏兔、烤鸭、烤乳猪等风味食品，或为顾客自己的原料提供加工服务。

上述食品的加工技术均可通过参加培训班或自学钻研获得。

特别推荐：放心食品微工厂

项目背景：食品添加剂滥用导致的食品安全问题，催生了消费者对安全食品的迫切需求。已经有不少人为了获得安全的食品，自购原料、自己制作，避免摄入不洁的食品。如果有一种方式，既能使顾客放心，又能给他们提供丰富的美食选择，就很有可能受到市场的青睐。

项目简介：一种以原生态原料和现场制作为特色的食品店。即直接利用各种健康食材，在透明的环境中，为顾客现场加工各种健康食品，满足顾客获得放心、美味食品的需求。

卖点：看得见的安全、看得见的营养。

产品利益：新鲜＋安全。

经营差异化：从最佳原产地采购原料，通过工艺创新，保证食品的风味和品质，为顾客提供品种丰富的美食选择。

营业模式：食材销售＋现场加工服务＋ DIY 制作＋特色风味食品销售。

促销方式：免费培训各种风味、健康食品的烹制技术。

2. 来料加工

小本创业还可以通过各种途径承接不需要专业技能的加工业务，组织当地富余、廉价的劳动力，通过来料加工、来料组装、来料生产的经营方式，赚取加工费。这种方式不需要资金投入，也不用承担市场风险，是稳妥的致富门路。但要注意不要被以收押金为目的的发包人所欺骗。

3. 其他加工项目

废品的加工、翻新和再利用。

地沟油回收加工：地沟油可通过微生物发酵转化成有机肥，也可以炼制成生物燃油，还可以制成肥皂等日用品。关键是能否以有利可图的价格收购到足够多的原料以及能否掌握成熟的加工技术。

三、服务业

服务是指以知识和技能为工具，通过人和服务设施实现的，为满足顾客的某种需求所从事的无形的、不发生所有权转移的价值活动。服务的过程或价值的实现可能与某种有形产品联系在一起，也可能毫无关联。

服务有以下两种常见的类型。一是有形产品与服务的混合，这类业务包括相当的有形产品与服务，如餐馆既提供食品又提供服务；二是完全服务，此类供应不包括任何有形产品的转移，主要以无形的服务满足顾客的需求，如护理老人、美容美发、推拿按摩和心理咨询。

1. 行业分析

服务业商机无限，层出不穷的社会问题、社会现象、不合理的事物中都蕴含着创业的机会。

随着社会分工的细化，对各种专业服务的需求也越来越多。现在，从为企业提供的后勤服务、办公服务、信息服务、人力资源服务到为个人提供的心理咨询服务、美容服务、医疗服务、培训服务、理财服务、家政服务、送货服务，几乎我们需要的任何服务都有人或机构提供，今后，还会涌现更多的细分服务。

服务经济在总体经济中所占的比重越来越大，经济软体化将是大势所趋。在未来成功的企业，一定是拥有独特的服务理念并将其贯彻始终的企业。和工业社会的经济形态不同的是，当今需求呈现出多样化、个性化的特点，顾客在生理需求满足的基础上，希望获得更多的心理满足，这正是有志于在服务业建功立业的人大显身手的机会。

和产品不同的是，服务大多是通过人来完成的，由于从事服务工作的人受知识、经验、态度、情绪等因素的影响，使服务质量的控制和评估更为困难，所以为了向顾客提供相对一致的高水平服务，公司在服务人员的招聘、培训、服务标准和流程设计、考评方面都要下功夫。

和零售业相似，由于大多数服务都需要由人面对面地完成，所以存在大量基于地理位置的创业机会。问题在于我们能为哪些问题或需求提供有竞争力的解决方案或服务。服务公司需要做到同样的价格，你比别人好；同样的效果，你比别人便宜。

2. 服务质量控制

服务公司可通过以下三步对服务质量进行控制：

第一步，投资于招聘和培训——选择适当的人并进行系统的培训。

第二步，在组织内将服务实施过程标准化。通过对服务实施流程管理，实现对员工服务过程和服务质量的控制，防止服务缺陷的发生。

第三步，通过顾客建议和投诉系统，获得顾客对服务的意见和建议。通过了解顾客的重复消费情况，追踪顾客的满意度，以发现顾客不满意的地方并加以改进。

3. 服务业的创新 / 改善机会

相对于产品营销，服务营销的研究和实践还比较落后，也就是说，服务营销尚有巨大的改善和创新空间。

（1）服务提供者

由于绝大多数服务是人提供的，选择、培训和激励服务人员对顾客价值和顾客满意的实现意义重大。

（2）服务设施

公司应该通过服务设施和宣传来体现自身的服务能力和质量。

（3）服务过程

服务公司要努力使服务过程成为一种难忘或愉悦的体验。

（4）多样化选择

服务公司应为顾客提供多样化的服务选择，满足顾客的多样化需求，用多样化应对众口难调的市场需求。

（5）向上游发展

服务公司可以进入原料生产环节，以获得对成本和原料品质的有效掌控。

（6）提高服务效率

利用机器和设备代替人工服务。

（7）服务自助化

通过服务的自助化设计，让顾客参与到服务中来，以降低价格或使顾客获得体验满足。

（8）一体化

为顾客提供一体化的解决方案。

4. 项目推荐

（1）餐饮服务

餐饮业入行门槛低，但获得和保持竞争优势较难。“特色”向来是餐饮企业赢得顾客青睐的利器。哈尔滨火车站前有一家经营面积仅数十平方米的砂锅店，只卖米饭、砂锅和坛肉，却以“特别好吃”的口碑吸引了大量的食客，天天门庭若市，日平均营业额高达万元。

对于食品来说，好吃是第一位的，当然，服务和卫生也必须达到顾客满意的标准。近年来，频发的食品安全问题为以安全为卖点的经营者带来了新的市场机会。

特别推荐：养生食堂

经营理念：和前文介绍的“放心食品微工厂”相似，不同的是以提供餐饮服务为营业模式。即直接利用各种健康食材，在透明的环境中，为顾客现场制作菜肴，提供就餐服务。

经营特色：大众公认的健康食材＋耳熟能详的经典美食。

品种建议：五谷杂粮粥、特色豆浆、花生奶、核桃奶、酸奶、杂粮粉、全麦面包、黑面包、比萨饼、果酒、果醋饮料等。

经营建议：在高收入的社区开店。

（2）培训 / 技术服务

基层市场存在着大量的培训和技术服务需求，但目前从事该类业务的机构都聚集于中心城市，如果将其移植到基层市场，就能直接和需求对接。如农业产业结构调整，发展高效农业，农民就迫切需要掌握种植业、养殖业以及加工业方面的各种先进、实用的技术。如果在农村建立服务网点，在帮助农民解决问题的同时，也能获得可观的报酬。

（3）维修服务

维修服务也是需要就近提供的，可以选择自己有经营能力的项目，如家电、汽车、摩托车、电动车、手机、小家电等。

（4）健康服务

推拿按摩、足疗、体检都是市场广泛需要的服务。

（5）租赁服务

以下项目非常适合租赁经营：玩具租赁、交通工具租赁、办公用品租赁、农机具租赁等。以农机具租赁服务为例，对于大多数农民来说，不可能购齐生产所需的农用机具。选择农民不愿购置、购置不起的农机具，开办租赁服务部，为农民提供租赁服务或利用自己的设备直接为农民提供播种、施肥、收割、脱粒等服务，为农民的生产工作提供一体化的解决方案。

（6）婚庆服务

我国每年有几百万对新人结婚，对婚庆服务的需求非常旺盛，农村市场对婚庆服务的需求尚未得到很好的满足。

（7）家政服务

如保姆的培训、中介和派遣服务等。

（8）劳务中介 / 派遣服务

短工中介，即为企业提供短工中介，满足企业用工的波动需求；还可以以劳务派遣的方式为用工单位提供服务。所谓“劳务派遣”或“劳务租赁”是一种新兴的用工方式，先由劳动者与劳务派遣公司签订劳动合同，然后由劳务派遣公司安排到用工单位工作。派遣工的工资、福利以及社会保险均由劳务派遣公司承担，与用工单位没有关系。

欠发达地区的经营者可将当地的廉价、富余的劳动力输送到发达地区；发达地区的经营者可以为众多的中小企业提供一体化人力资源服务。

（9）幼教服务

可以开设传统文化主题幼儿园，如以传授《论语》《三字经》等优秀传统文化为特色的幼儿园。

（10）特色美容服务

①提供美容化妆品个性化定制服务的美容院：根据顾客的年龄、皮肤类型、皮肤问题和喜欢的香型为顾客调制个性化的美容

化妆品。

②美容化妆品 DIY 店：顾客可以在店内利用店内的皮肤测试仪对皮肤进行测试，并获得美容顾问的改善方案和建议（由美容顾问或计算机美容数据库，根据顾客的年龄、皮肤类型和皮肤问题，提供个性化的美容化妆品的配方），然后由顾客根据配方在公司购买原料，利用店内的设备，自己动手调制美容化妆品，如香水、面膜等。由安妮特·罗迪克创办的世界著名的化妆品企业“美体小铺”就采用这种模式，顾客可以在店内选择原料、根据自己的喜好，自己动手调制香水和化妆品。

③医疗美容院：如专门治疗痤疮等严重皮肤疾病的美容院。杭州的伟女士创办的以综合祛痘整形＋药膳为特色的美容院，已发展到五家店，年收入数百万元。

④解决方案型美容院：针对顾客的美容需求，提供一体化的解决方案。如利用化妆品、美容服务、美容器械、美容食品的不同组合，为顾客解决问题。可以是美容＋美食的组合，将美容和美容食品结合起来，以外养内调为经营特色，也可以是基于器械的美容服务，以高科技的美容设施为经营特色。

⑤美容教室＋美容服务：通过美容知识和经验分享，吸引潜在顾客光顾，获得销售的机会。很多女性都有学习美容化妆知识的需求，却缺少专业的渠道，如果能提供专业的知识服务，就能吸引她们的光顾，从而获得向潜在顾客推销自己的服务的机会。成功的关键是如何将销售融入培训中，实现有效的推销。

（11）体验型服务

人人都有追求乐趣的本能，有时候亲自动手、亲自发现的体验能给人带来很多的乐趣。如农场或果园让游客自己采摘果蔬，然后卖给顾客，尽管价格比市场上要贵一些，还是有不少人愿意体验这种收获的乐趣。

特别推荐：体验/休闲农场

项目介绍：在风景好、无污染、交通便利的郊区租赁土地，将土地分成20~30平方米的小块，分块租赁给城市居民，并为他们提供种子、肥料、生产工具和种植技术服务。平时由农场主代为管理，节假日客户可来体验劳动、采收蔬果，满足吃新鲜、安全食品和休闲的多重需要。

经营建议：可提供农家乐餐饮服务和家庭旅馆服务，以获得更多的收入。宣传和地点的选择是经营成功的关键。

（12）保洁服务

对很多机构来说，由自己的员工完成保洁工作的成本很高（工资、福利等费用），而且质量也难以保证。成立一家保洁公司，为众多的机构提供专业、高效率的保洁服务，在为客户省钱的同时，自己也能获得不菲的收入。

（13）制作服务

利用电脑和专业技能，从事宣传册、音频、视频等制作业务，对精通电脑操作并具有相关技能的人来说，是成功率最高的创业选择。

（14）电子远程服务

可以通过互联网提供培训、教育、制作等网络交付的服务。

（15）后勤服务

如今，企业将非核心业务外包的模式盛行，催生了大量的后勤服务需求。为企业提供办公后勤一体化服务、餐饮服务、保安服务都是有发展的创业选择。

服务营销能否成功取决于以下几个方面：服务地点、服务价值、服务特色、服务效率和服务质量。服务地点应当能接触到足够多的目标顾客，一般应选择人流量大或目标顾客集中的地方，如你的服务对象是学生的话，最好将门店开在学校门口。服务价值要以市场为导向，服务内容要有特色，公司要对服务效率和服务质量施以有效的管理，以获得高水平的顾客满意度。

四、流通行业

大多数生产商都需要通过经销商将产品分销到顾客手中。这就为经销创业提供了机会。问题是你能否成为生产商的选择，即你是否具备产品的生产商所要求的分销能力，从而获得好产品的经销权。

1. 行业分析

行业特点：经销商作为生产商的销售渠道，其业务发展受诸多条件的限制，如市场区域、价格、销售方式等。由于经销业务的技术含量不高，能创造的附加值有限，加之电子商务和直销模式的发展，经销商的生存空间越来越小。

进入经销行业的门槛虽然不高，但要在行业内站稳脚跟，获得利润和可持续发展，还是需要相当的能力和资源的。

行业发展趋势：大型化、品类化、专业化、电子化。

行业的创新机会：经销＋服务、前向一体化。前向一体化就是在获得经销某类产品的经验和相关资源后，向上游发展，如保健品经销者可以进入保健品的生产领域，进行生产销售一体化经营。很多生产商都是由经销商发展起来的。

项目来源：广告是发布新产品信息的主要渠道，可以通过浏览各种招商广告，获得经销信息，从中选择适合自己的经销项目。工作、生活中的偶然发现、对新事物的好奇心、和朋友的交流，都可能成为发现机会的起点。可以将在外地畅销的新产品引进本地，也可以利用现代营销手段，对一种有潜力可挖的老产品进行有力的推广。

2. 经销的 4 种类型

（1）代理：做新产品的地区代理商。现在很多厂家都要求现款现货，入行的门槛也在不断提高，但只要你有出色的分销资源和能力，获得好产品经销权的机会还是比较多的。

（2）批发：向以再销售为目的或以商业用途为目的的顾客出售商品或服务。

（3）零售：直接向自用和非商业用途的最终消费者出售产品或服务。

（4）电子商务：以互联网为销售渠道，以快递为送货渠道的经营方式。创业者可以选择在专业大型网站开店，也可以选择自立门户搭建平台开店。

3. 项目推荐

（1）二手产品经销

可选择二手汽车、二手电脑、二手家电作为经销项目。

经营建议：从城市收购二手产品并维修、翻新后，销往农村市场；或将二手产品从发达地区销往欠发达地区。

（2）土特产经销

在当地收购加工土特产，向周边的城市推销或通过电子商务渠道销售。

（3）农用生产资料经销

农机：农用车、粉碎机、磨面机、播种机、搅拌机、榨油机等农村常用的生产资料的市场需求是巨大的。另外，种子、种苗、农药、饲料、兽药、肥料等农业生产资料的市场也是十分广阔的。

（4）小家电经销商

小家电市场在二线、三线市场的开发空间巨大。除经营各种厨用电器外，还可以兼营净水器和空气净化器等和生命健康息息相关的产品。

（5）家用医疗器械经销

家庭医疗器械市场是一个巨大的新兴市场。作为一种经济、有效的手段，家用医疗器械完全可能普及到许多家庭。需要注意的是，经销医疗器械虽然利润较高，但对推销能力和相关技能有一定的要求。

第二节　小本起家的成功案例

所有的大生意，最初都只是个勇敢的开始，小资金也能撬动大市场。本节精选6个真实创业样本，拆解可复制的关键决策节点和避坑经验，帮助创业者精准抓住细分需求、大力控制成本、学会应用互联网杠杆，培养商业嗅觉。

一、00后女孩200元起家，月入5万元

1. 真实案例背景

广东某高校女生小林，2023年用200元二手烘焙机启动餐饮项目，通过校园场景细分（早餐/下午茶/节日蛋糕），实现单月营收5万元，净利润率达38%。

2. 关键数据

（1）启动成本：设备430元（烘焙机200元+模具50元+包装80元+推广100元）。

（2）月均营收：早餐类（5元/份×30份×22天=3300元）+下午茶（15元/份×50份×15天=11250元）+节日定制（68元/份×30份=2040元）≈总营收1.7万元（未含社区团购）。

（3）政策补贴：申请大学生创业补贴2万元，减免增值税1.2万元。

3. 六大创业技巧与场景应用

（1）低成本启动项目的关键点

①设备极简原则：优先选择二手设备（如烘焙机 200 元 / 台），通过闲鱼或本地二手群获取，设备成本控制在总投入的 30% 以内。

②免费获客钩子：设计“免费试吃＋加群送优惠券”组合（转化率 62%），单次地推成本低于 5 元 / 人。

③政策红利利用：2025 年多地推出“大学生创业礼包”（含 3 万元补贴、免费办公场地），可通过当地人社局官网申请。

（2）精准定位筛选法

①场景穿透：聚焦“宿舍经济”（7 点到 8 点早餐、11 点到 13 点下午茶、19 点到 21 点夜宵），避开餐饮主战场。

②人群分层：核心层为本科女生，主打低糖低卡系列（定价 15~25 元）；次级层为研究生，推出生日、考试季定制礼盒；流量层为外卖群体，以 9.9 元低价爆款引流。

③竞品卡位：避开其他店主推的高糖产品，主打“无添加烘焙”（使用全麦粉替代精制粉，成本增加 8%，但溢价空间提升 20%）。

（3）流量裂变实战模型

①宿舍长联盟：招募 20 名宿舍长（给予 5% 销售提成），建立“每日需求清单”机制，库存周转率提升 3 倍。

②短视频矩阵：在抖音发布烘焙教学短视频，增加直播间下单量；在小红书以“学生党省钱攻略”的主题发布图文引流，将消费者引到微信私域社群下单；在 B 站发布食品科学实验长视频，实现知识付费转化，增加粉丝黏性。

③社区团购嫁接：接入美团优选“校园团长”体系，单日最高出单200份（客单价9.9元）。

（4）产品迭代加速器

①8小时测试法：新口味开发流程：

周一：3款样品（成本低于20元/组）；

周三：宿舍试吃（回收200份问卷）；

周五：量产（淘汰评分低于4分的品类）。

②季节性创新：春季为考研季推出“提神能量包”（咖啡+坚果），夏季为毕业季推出“时光纪念盒”（定制照片蛋糕），秋季为返校季推出“开学加油包”（面包+麦片），冬季推出“暖心套餐”（热饮+蛋糕），提高产品的吸引力和竞争力。

③供应链优化：与本地食品厂签订“以销定产”协议（首单免押金），原料成本降低12%。

（5）风险控制防火墙

①现金流管理：经营账户用于日常采购，额度保持在3000元左右；风险准备金用于应急周转，额度5000元；投资账户用于设备升级，额度1万元。

②法律合规：注册个体工商户（年销售额500万元以下免税），购买“创业无忧”保险（年费1200元，覆盖食品安全责任）。

③退出机制：设置“3个月止损线”（连续3个月利润低于3000元启动转型），通过调整SKU组合扭亏为盈。

（6）团队搭建的3种轻模式

①学生合伙人制：招募5名烘焙专业的学生，采用“保底工资+利润分成”（保底800元/月+5%利润）的模式发工资。

②共享用工：与家政平台合作（小时工 15 元 / 小时），高峰期（考试周 / 节假日）临时增派 3 人。

③线上管理：使用“飞书多维表格”管理订单，设置自动预警（库存少于 5 件 / 订单超时 2 小时）。

4. 升级方向与政策红利

（1）OMO 模式拓展

①开发“预制烘焙包”（成本 8 元 / 份，售价 29.9 元），通过抖音直播教学（单场转化 200 单）。

②接入“美团校园”系统，开通“30 分钟达”服务（需申请“新势力商家”资质）。

（2）政策申报清单

①市级补贴：

大学生创业补贴（最高 3 万元，需完成工商注册）。

创新创业大赛奖金（省级赛事最高 50 万元）。

②税费优惠：

小规模纳税人免征增值税（季度销售额 30 万元以内）。

高新技术产品研发费用加计扣除（最高 100%）。

（3）行业延伸路径

联系周边中小企业工会，为企业做定制服务，预计投入 5000 元，预期收益月均 2 万元；与婚庆公司合作，制作婚礼甜品，预计投入 8000 元，毛利率约 80%；在 58 同城这类接单平台进行电商代运营业务，预计投入 1 万元，预期收益为 15% 的服务费。

5. 新手避坑指南

（1）3 种死亡陷阱

①盲目扩张：2024 年，某烘焙店因加盟商扩张导致品控失控，

最终倒闭。

②价格战陷阱：某奶茶店为争夺客源降价至 3 元 / 杯，导致月亏损 1.2 万元。

③法律风险：2024 年，深圳一家庭作坊因未办理食品经营许可证被处罚，罚款 2 万元。

（2）5 个关键数据监控

①存活率指标：首月复购率高于 25%，可持续经营。

②成本警戒线：原料成本占比高于 45%，需优化供应链。

③人力效率：单人日均产出少于 50 份，需调整排班。

④流量转化率：线上引流成本高于 3 元 / 单，需更换渠道。

⑤库存周转：单品滞销多于 7 天，需立即清仓。

二、农村返乡女性打造“白椒古村农庄”，年营收超百万元

1. 真实案例背景

李女士原是杭州某企业 ERP 系统主管，2016 年时，35 岁的她毅然放弃月薪两万元的工作回到家乡创业。李女士依托当地瑶族村寨资源，用 8 万元启动资金打造出集餐饮、民宿、电商于一体的综合项目，2024 年营业总收入达 156 万元，带动村民人均增收 3200 元。

2. 核心操作步骤

（1）资源盘活阶段（0~3 个月）

免费使用废弃古宅（村集体闲置资产盘活政策）。

改造成本：8 万元（含木屋修缮、基础厨房设备）。

资金来源：申请“返乡创业专项贷款”5 万元（政府贴息 50%）＋ 自筹 3 万元。

（2）产品矩阵设计

保留 12 道非遗菜式，打造“瑶家长桌宴”特色，成本 28 元，售价 88 元，毛利率 68%；设置竹编手作课，村民带徒教学，成本 15 元，售价 58 元，毛利率 74%；售卖生态土特产，村民代销分成，成本价 3.2 元，将这类产品设计成组合装，以 19.9 元的单价售卖，毛利率可达 62%；设置短租木屋为旅客提供住宿服务，主要采取分时租赁模式，即每间木屋淡季每晚 200 元，旺季每晚 450 元。

（3）流量获取捷径

①政务资源：对接乡村振兴局，获得 3 万元流量扶持（抖音本地生活流量包）。

②文化 IP 打造：注册“罗溪瑶寨”商标，设计 12 款非遗元素文创周边。

③裂变机制：推出“带 10 位游客免房费”计划，单月新增客源 230 人。

3. 关键运营策略

（1）成本控制三板斧

①原料本地化：80% 食材来自村集体合作社（采购价低 40%）。

②人力共享：与村里的学校合作“学生实践日”，每月获 50 小时免费劳动力。

③能耗管理：安装光伏板（政府补贴 70%），月电费从 1200 元降至 280 元。

（2）政策红利利用

①申报“湖南省乡村旅游重点村”项目，获 30 万元设施改造

补贴。

②参与“湘品出湘”电商计划，开通社区团购渠道（月均销售额4.2万元）。

（3）风险控制方案

①天气应急预案：暴雨季推出“室内非遗体验套餐”，转化率提升35%。

②季节性平衡：冬季增加瑶药温泉服务，客单价提升至198元。

③保险配置：购买“农家乐综合险”（年费1200元），覆盖50万元食品安全责任。

4. 可复制经验模型

（1）选址黄金公式

距离高速出口≤15公里+村落历史≥200年+周边3公里无竞品。

（2）启动资金配置

启动资金分为4类，包括固定资产、流动资金、营销费用和风险准备金。固定资产占比45%，主要用于在设备置换平台购买二手设备；流动资金占比30%，是3个月的运营缓冲金；营销费用占比15%，可向当地政府申领创业扶持金；风险准备金占比10%，提前为不可预见支出存起来。

（3）政府扶持申报清单

①乡村振兴贴息贷款（最高50万元）。

②农产品电商补贴（每单补贴1.5元）。

③文旅融合示范项目（最高200万元）。

5. 实操工具包

（1）需求验证模板

包含《村民资源清单》《游客画像分析表》《成本测算模型》。

（2）政策申报指南

整理“湖南省创业扶持政策地图”（含 38 个可申报项目及办理流程）。

（3）运营 SOP 手册

覆盖“食材验收标准”“服务话术库”“应急处理流程”等模块。

6. 风险预警与升级方案

（1）常见风险应对

①客源波动：建立“企业客户池”（签约周边 20 家企业团建）。

②原料涨价：与合作社签“保价协议”（锁定 3 年采购价）。

③品牌危机：预设“食品安全应急方案”（48 小时溯源系统）。

（2）升级路径规划

① 1 年目标：打造“非遗研学基地”（对接学校研学市场）。

② 3 年规划：建设“瑶药深加工工厂”（需要 50 万元投资）。

③ 5 年愿景：申报“国家 AAAA 级景区”（需完成 200 万元基建）。

三、互联网广告代理（轻资产模式）

1. 核心数据

（1）启动资金：5 万元（含设备、首批客户开发费用）。

（2）月均营收：12~15 万元（客单价 3000~8000 元）。

（3）毛利率：68%（技术服务费由总公司承担）。

（4）回本周期：4~6 个月。

（5）扩展能力：单店模式可复制到全国，团队规模 5~8 人。

2. 实操拆解

（1）零技术壁垒的轻资产模式

①合作模式：与区域互联网广告平台（如抖音、美团、微信）签订代理协议，不需要自建技术团队。

②服务内容：为本地中小商家提供线上广告投放（图文广告、短视频推广、直播带货）。

③成本结构：客户开发成本 200~500 元 / 单（含交通、礼品）；平台返点 15%~30%（根据投放金额阶梯计算）；业务员底薪 3000 元+提成（20%~30%）。

（2）精准获客的 3 个实战技巧

①企业画像定位：重点开发餐饮店（转化率 38%）、教育培训机构（客单价最高）、汽车 4S 店（复购率 65%）。

②场景化谈判话术："您现在的美团搜索排名在第 5 页，我们可以帮您做到前三，首月免费测试效果。"

③裂变设计："推荐 3 家同行合作，返现 2000 元广告金"（实际成本仅 1000 元 / 单）。

（3）风险控制要点

①资金安全：采用"预付 50% +投放完成付尾款"模式，坏账率控制在 2% 以内。

②政策合规：保留广告法审核记录（总公司提供标准模板）。

③退出机制：与同行签订"客户资源转让协议"（单店价值评估公式：年营收 ×0.6）。

3. 复制模板

（1）4 周启动计划

第 1 周：考取互联网营销师证书（国家补贴至少 1500 元）。

第 2 周：在 58 同城 /BOSS 直聘发布“免费帮企业优化广告”广告。

第 3 周：举办“本地商家线上获客沙龙”（场地费由合作方承担）。

第 4 周：推出“首单 399 元体验套餐”（成本价 199 元）。

（2）成本优化方案

①办公成本：采用“共享工位＋家庭办公室”混合模式（月省 4000 元）

②物料成本：使用可擦写广告方案书（单本成本 3 元，复用率 15 次）。

③交通成本：开发“客户集中配送区”（单次拜访 3 家客户成本不变）。

4. 其他行业参考案例

（1）化妆品代运营（美妆行业）

①启动资金：2.8 万元（首批样品＋小程序开发）。

②盈利模式：进口化妆品代运营（佣金 35%~50%）、私域流量变现（社群团购单笔利润 200~500 元）。

③关键数据：首月 ROI 1 ： 5.3（转化率 4.7%）。

3 个月复购率提升至 28%。

（2）社区旧物改造（环保行业）

①启动资金：1.5 万元（改造工具＋宣传物料）。

②服务内容：旧衣改造（客单价 98 元，成本 8 元）、家具翻新（客单价 580 元，成本 120 元）。

③爆款策略：推出“旧物改造体验课”（引流成本 15 元 / 人）、与物业合作“旧物置换积分”系统。

5. 风险预警

（1）政策红线

①严禁承诺“广告效果保证”（违反《中华人民共和国广告法》第 28 条）。

②禁止使用“最低价”“第一”等绝对化用语。

（2）技术迭代

① 2025 年重点布局 AI 生成式广告（成本降低 40%）。

②必须接入企业微信 SCRM 系统（转化率提升 22%）。

6. 新政红利

（1）税收优惠

①小规模纳税人广告服务增值税减按 1% 征收。

②首年购置设备可抵扣 13% 进项税。

（2）补贴政策

①“数字营销服务商”认证补贴 3 万元（工信部项目）。

②县域创业可申请“新媒体运营专项补贴”5 万元。

四、城市社区便民服务

1. 核心数据

（1）启动资金：3 万元（含设备、首批物料、基础租金）。

（2）月均营收：8~12 万元（客单价 15~30 元）。

（3）毛利率：65%（社区高频刚需服务）。

（4）回本周期：2~3 个月。

（5）扩展能力：单店模式可复制，团队规模 3~5 人。

2. 实操拆解

（1）精准定位社区痛点

①核心服务：社区团购代运营，对接美团优选、多多买菜；家政服务预约，包括保洁、维修、月嫂；与丰巢合作分成，提供24小时自助快递柜服务。

②数据支撑：社区60岁以上老人占比超30%的片区，家政服务需求转化率提升40%；每增加1个自助快递柜，日均增收200~300元（政府补贴50%设备费）。

（2）轻资产运营模式

①成本结构：在老旧小区租赁约30平方米的底商，成本约为每月8000元；将物流分拣工作外包给众包平台，成本约为每月5000元；招聘1名全职员工和2名兼职员工，每月工资成本约为8000元；政府发放社区便民服务专项补贴，每月6000元。合计每月成本约为1.5万元。

②收入来源：服务抽成（15%~25%）、广告位租赁（电梯、快递柜）、数据服务（向物业提供消费画像）。

3. 新政红利

（1）税收优惠

①小规模纳税人免征增值税（月销售额15万元以下）。

②增值税专用发票可抵扣进项税（设备采购13%）。

（2）补贴政策

①“一刻钟便民生活圈”建设补贴（最高5万元）。

②社区养老配套服务补贴（每新增1个服务点奖励2万元）。

4. 真实案例：北京朝阳区“社区万事屋”

北京朝阳区“社区万事屋”由某大型物流公司区域主管老张创立，于2024年7月正式启动运营。该项目首月即实现几万元营收，其中家政服务贡献收入最多；运营至第 3 个月时，已成功签约 3 个社区，积累了众多回头客。目前，社区万事屋日均处理快递 200 件，通过与丰巢合作获得每月 1200 元的分成收入；家政服务保持稳定发展，客单价 58 元，月均订单量达 380 单；此外还设有 24 小时无人售货机，销售饮料和日用品，毛利率高达 75%，展现出良好的商业运营态势。

5. 风险预警

（1）政策红线

①禁止代收医保药品（需取得药品经营许可证）。

②不得开展金融借贷类服务（违反《社区金融服务管理办法》）。

（2）竞争策略

①接入“城市大脑”系统（政府免费提供，提升转化率）。

②需配置 AED 急救设备（政府补贴 80% 采购成本）。

6. 升级方向

（1）AI 工具应用

①部署智能调度系统（降低物流成本）。

②上线“社区服务 NFT”（会员积分可兑换物业费抵扣券）。

（2）政策申报

①申报“新就业形态劳动者驿站”（最高补贴 10 万元）。

②打造“社区商业数字化改造”试点（获得腾讯云免费算力）。

7. 启动清单

（1）必备资质

①社区便民服务备案（街道办办理，免费）。

②个体工商户登记（全程电子化，1 天办结）。

（2）设备清单

①智能快递柜（政府招标价 2800 元 / 台）。

②服务预约终端（二手平板电脑＋定制系统，800 元）。

（3）关键动作

①首月免费为 200 户居民提供家政体验服务。

②与 3 家社区医院签订健康咨询合作。

③在美团、抖音平台开通社区服务号（认证费 299 元）。

五、90 后宝妈小雨的社区手工皂创业

1. 项目背景

2024 年初，90 后宝妈小雨在孩子上幼儿园后开始创业。她利用 300 元启动资金购置油脂、模具、香料等原材料制作手工皂，并通过社区团购、线下摆摊等方式进行销售，逐渐打开了市场，月收入达到 2 万元。

2. 关键数据

（1）启动成本：原材料 300 元（油脂 100 元＋模具 100 元＋香料 50 元＋包装 50 元）。

（2）月均营收：社区团购（15 元 / 块 ×50 块 ×15 天＝11250 元）＋摆摊（20 元 / 块 ×30 块 ×5 天＝ 3000 元）＋微信社群（18 元 / 块 ×40 块 ×10 天＝ 7200 元）＝总营收 21450 元。

（3）政策补贴：申请到了个体工商户创业补贴 5000 元，免征增值税。

3. 创业技巧与场景应用

（1）低成本启动项目的关键点

①设备极简原则：优先选择简单的制作工具和模具，在二手平台或线下二手市场获取，设备成本控制在总投入的 20% 以内。

②免费获客钩子：设计“免费试用＋加群送小样”组合（转化率 55%），单次地推成本低于 3 元 / 人。

③政策红利利用：2025 年多地推出“个体工商户创业礼包”（含 5000 元补贴＋免费技能培训），可通过当地人社局官网申请。

（2）精准定位筛选法

①场景穿透：聚焦社区生活（8 点到 9 点、18 点到 20 点居民集中出入的时段），在社区门口、业主活动群等场景进行推广和销售，避开大型商场、专业美妆市场的竞争。

②人群分层：核心层为家庭主妇，主打天然滋润系列（定价 15~20 元）；次级层为上班族，推出便携礼盒装（定价 30~40 元）；流量层为老年人，以 5 元 / 块的低价引流，产品为简单基础的清洁型手工皂。

（3）流量裂变实战模型

①社区团长联盟：招募 15 名社区团长（给予 8% 销售提成），建立“每周需求清单”机制，库存周转率提升 2.5 倍。

②短视频矩阵：在短视频平台发布手工皂制作过程视频，吸引粉丝关注和购买；在小红书分享送礼手工皂推荐，引导至微信社群购买；在 B 站发布手工皂原料科普视频，增加用户黏性和信任度。

③亲子活动推广：与社区亲子活动合作，举办“亲子手工皂制作”活动，现场销售手工皂及原材料套装，单场活动最高出单 50 份（客单价 30 元）。

（4）产品迭代加速器

① 7 天测试法：新香型开发流程：周一制作 2~3 款样品（成本低于 15 元 / 组）；周三在社区进行试用（回收 30 份问卷）；周

五量产（淘汰评分低于4.5分的品类）。

②季节性创新：春季推出“花香润肤皂”（玫瑰、薰衣草等香型），夏季推出“清凉舒爽皂”（薄荷、柠檬等香型），秋季推出“滋润修护皂”（牛奶、蜂蜜等香型），冬季推出“温暖香氛皂”（肉桂、香草等香型），根据不同季节的皮肤需求和特点，调整产品配方和香型，提高产品的吸引力和竞争力。

③供应链优化：与周边的小香料、小油脂生产厂家签订长期合同，保障原辅材料的品质与稳定供给，同时形成“以产定销”的模式，减少库存开支。

（5）风险控制防火墙

①现金流管理：经营账户用于采购、制作，额度控制在2000元左右；风险准备金用于周转应急，额度3000元；投资账户用于设备改造、原材料购置，额度5000元。

②法律合规：注册个体工商户，办理食品经营许可证（因手工皂部分产品涉及食用香料等成分），购买“创业无忧”保险（年费800元，覆盖产品质量责任）。

③退出机制：设置“2个月止损线”（连续2个月利润少于1500元启动转型），2024年的案例显示，75%的类似创业者通过调整产品品类或拓展销售渠道扭亏为盈。

（6）团队搭建轻模式

①宝妈合伙人制：招募3名宝妈做“技术合伙人”，采用“保底工资＋利润分成”（保底500元/月＋3%利润）模式发工资。

②共享用工：与家政平台合作（小时工12元/小时），高峰期（节假日/社区活动日）临时增派2人。

③线上管理：使用“钉钉项目管理”软件管理订单，设置自动预警（库存少于3件/订单超时1.5小时）。

4. 升级方向与政策红利

（1）OMO 模式拓展：开发手工皂原材料套装（成本 10 元/套，售价 35 元），通过抖音直播教学（单场转化 150 单）；接入“美团社区”系统，开通“小时达”服务（需申请“社区优质商家”资质）。

（2）政策申报清单：个体工商户创业补贴（最高 5000 元，需完成工商注册）；妇女创业扶持基金（最高 3 万元，需参加妇联组织的创业培训）；小规模纳税人免征增值税（季度销售额 30 万元以内）。

（3）行业延伸路径：联系周边企业行政部门达成合作，将商品作为企业福利发放；申请供应商资质，与民宿合作；开展手工皂定制业务，为赶集网、威客中国等大型平台供货。

5. 新手避坑指南

（1）3 种死亡陷阱

①盲目扩张：2024 年，某手工皂店因快速开设多家分店导致库存积压、资金链断裂，4 个月倒闭。

②价格战陷阱：某手工香薰蜡烛店为争夺客源，将商品降价至 5 元/个，导致月亏损 8000 元。

③法律风险：某手工皂店未办理食品经营许可证却销售含食品原料的手工皂，被市场监管部门罚款 2 万元。

（2）避坑实操

①选址避坑：优先选择社区周边 500 米内的临街商铺，人流量≥ 3000 人/天，租金控制在营收的 15% 以内。

②成本控制：原材料采购设置 3 家供应商比价机制，每月盘点库存，淘汰滞销产品。

③合规运营：办理营业执照、食品经营许可证等相关证件，

购买产品质量保险，确保合法合规经营。

六、退伍兵哥的老乡土特产创业之路

1. 项目背景

2024 年，退伍兵哥小李从部队回到家乡——湖南的一个小县城。他一直想干点自己的事业，思来想去，认为家乡的土特产是个不错的创业方向。自己在部队这些年，见识过外面的世界，也深知城里人对纯天然、无添加的家乡好物有需求。可是他也没多少钱，东拼西凑了 500 元作为启动资金，主要用于采购首批货物。

2. 关键数据

①启动成本：首批土特产采购成本 500 元（主要是本地特色的手工辣椒酱、土蜂蜜、自制红薯粉等）。

②月均营收：线上渠道（通过微信朋友圈、抖音小店销售，平均 15 元 / 单 ×120 单＝ 1800 元）＋线下渠道（在县城菜市场摆摊，平均 20 元 / 单 ×180 单＝ 3600 元）＋社区团购（和县城几个大型小区的团长合作，平均 18 元 / 单 ×50 单＝ 900 元）＝总营收 6300 元。

③政策补贴：申请到了退伍军人创业补贴 8000 元，免征增值税。

3. 创业技巧与场景应用

（1）低成本启动项目的关键点

①选品精准原则：优先选择本地产量大、口碑好的土特产，像郴州本地的东江湖鱼干、临武鸭等。直接联系农户采购，把采购成本控制在总投入的 40% 以内。

②免费获客钩子：搞“买一送一品尝装＋加微信送优惠券”

活动（转化率 58%），单次地推成本低于 3.5 元 / 人，利用这个方法快速积累了第一批客户。

③政策红利利用：2025 年当地针对退伍军人创业，有“退伍军人创业扶持计划”（提供 5 万元低息贷款＋免费创业培训课程），通过县退役军人事务局官网申请。

（2）精准定位筛选法

①场景穿透：聚焦县城居民日常采购（7 点到 9 点菜市场、11 点到 13 点社区周边、17 点到 19 点菜市场和小区门口），不与大型商超、电商平台激烈竞争。

②人群分层：核心层是中老年人，主打传统手工制作的辣椒酱、腊肉（定价 20~30 元 / 份）；次级层是年轻上班族，推出小包装、便于携带的特产礼盒（定价 50~80 元 / 份）；流量层是外来务工人员、游客，以 5 元 / 份的当地特色小吃样品引流。

（3）流量裂变实战模型

①社区团购团长联盟：招募 10 名社区团长（给予 10% 销售提成），建立每周土特产推荐机制，库存周转率提升 2.5 倍。

②短视频矩阵：抖音发布“家乡土特产探秘”视频（15 秒小视频展示特产制作过程），吸引粉丝关注下单；微信视频号发布“土特产吃法教程”，引导私域购买；B 站发布“老家食材的营养科普”，增加粉丝黏性。

③老乡社群运营：建立本地老乡土特产交流群，定期分享家乡故事、特产优惠信息，群内成员互相推荐，单个社群月均带来 200 份订单（客单价 25 元）。

（4）产品迭代加速器

① 7 天测试法：新特产开发流程：周一制作 2~3 款样品（成本低于 15 元 / 组）；周二、周三在菜市场、社区发放小样收集反

馈（回收 30 份问卷）；周五决定是否量产（淘汰评分低于 4 分的品类）。

②季节性创新：春季主推“春笋特产礼盒”（春笋干、春笋罐头等），夏季主打“消暑特产组合”（自制冰糖姜茶、杨梅干等），秋季上新“丰收土特产套装”（各类晒干的秋菜、新鲜水果蜜饯等），冬季主卖“暖冬滋补特产”（红枣、桂圆与当地土特产搭配），不同季节毛利率在 55%~68% 之间。

③供应链优化：和周边 5~10 户优质农户签订长期合作协议，保障土特产品质稳定，同时建立“以销定产”模式，降低库存积压风险。

（5）风险控制防火墙

①现金流管理：经营账户用于日常采购，额度保持在 1500 元左右；风险准备金用于应急周转，额度 2000 元；投资账户用于拓展新特产品类，额度 3000 元。

②法律合规：注册个体工商户，办理食品经营许可证，购买“创业安心”保险（年费 500 元，覆盖产品质量责任）。

③退出机制：设置“2 个月止损线”，连续 2 个月利润低于 800 元启动转型。

（6）团队搭建轻模式

①老乡合伙人制：招募 3 名退伍老乡“销售合伙人”，采用“保底工资＋利润分成”（保底 600 元 / 月＋ 3% 利润）模式。

②共享用工：和本地农户合作（小时工 10 元 / 小时），在货品采购旺季、节假日临时增派 2 人帮忙。

③线上管理：用“企业微信客户管理系统”管理客户订单，设置自动提醒（发货超时 1 天、库存不足 3 件预警）。

4. 升级方向与政策红利

（1）OMO 模式拓展：打造“土特产 DIY 包装套装”（成本 5 元 / 套，售价 20 元），通过抖音直播教学（单场转化 100 单）；接入“美团优选县域商家”系统，开通“次日达”服务（要申请“县域优质特色商家”资质）。

（2）政策申报清单

①县级补贴：退伍军人自主创业补贴（最高 1 万元，需完成工商注册）；退役军人创新创业大赛奖金（县级赛事最高 3 万元）。

②税费优惠：小规模纳税人免征增值税（季度销售额 30 万元以内）。

（3）行业延伸路径

联系本地小型食品加工厂达成合作，向土特产深加工方向发展，预计投入 8000 元，预期收益每月约 1.2 万元；和县城周边民宿、景区商店合作，打造旅游伴手礼，将毛利率控制在 65% 左右，预期收益每月约 1.2 万元；在抖音、淘宝直播平台开店，通过电商直播带货，预计投入 1 万元，预期收入为 12% 的服务费。

5. 新手避坑指南

（1）3 种死亡陷阱

①盲目扩张：某土特产店快速开了 3 家分店，结果因资金分散、管理跟不上，6 个月就倒闭了。

②价格战陷阱：某农产品商家为抢客源，把当地特色水果售价压到成本价以下，最后当月亏损 5000 元。

③法律风险：未办理食品经营许可证销售自制土特产，被监管部门罚款 3 万元。

（2）避坑实操

①选址避坑：优先选在县城菜市场周边、大型小区底商，人

流量≥ 2000 人 / 天，租金不超营收 20%。

②成本控制：采购时多找两三家供应商比价，每月盘点库存，把滞销产品及时处理掉。

③合规运营：及时办理营业执照、食品经营许可证等证件，买好产品质量保险，老老实实按规定经营。